宋王朋甫本尚書

題漢 孔安國傳 唐 陸德明釋文
宋建安王朋甫刻本

山東人民出版社·濟南

圖書在版編目（CIP）數據

宋王朋甫本尚書 /（漢）孔安國傳；（唐）陸德明釋文 .— 濟南：山東人民出版社，2024.3
（儒典）
ISBN 978-7-209-14312-7

Ⅰ．①宋… Ⅱ．①孔… ②陸… Ⅲ．①《尚書》- 注釋 Ⅳ．① K221.04

中國國家版本館 CIP 數據核字（2024）第 036400 號

項目統籌：胡長青
責任編輯：劉嬌嬌
裝幀設計：武　斌
項目完成：文化藝術編輯室

宋王朋甫本尚書
題〔漢〕孔安國傳　〔唐〕陸德明釋文

主管單位　山東出版傳媒股份有限公司
出版發行　山東人民出版社
出 版 人　胡長青
社　　址　濟南市市中區舜耕路517號
郵　　編　250003
電　　話　總編室（0531）82098914
　　　　　市場部（0531）82098027
網　　址　http://www.sd-book.com.cn
印　　裝　山東華立印務有限公司
經　　銷　新華書店

規　　格　16開（160mm×240mm）
印　　張　20.25
字　　數　162千字
版　　次　2024年3月第1版
印　　次　2024年3月第1次
ISBN 978-7-209-14312-7
定　　價　48.00圓

《儒典》選刊工作團隊

前言

中國是一個文明古國、文化大國，中華文化源遠流長，博大精深。在中國歷史上影響較大的是孔子創立的儒家思想，因此整理儒家經典、注解儒家經典，爲儒家經典的現代化闡釋提供权威、典范、精粹的典籍文本，是推進中華優秀傳統文化創造性轉化、創新性發展的奠基性工作和重要任務。

中國經學史是中國學術史的核心，歷史上創造的文本方面和經解方面的輝煌成果，大量失傳了。西漢是經學的第一個興盛期，除了當時非主流的《詩經》毛傳以外，其他經師的注釋後來全部失傳了。東漢的經解衹有鄭玄、何休等少數人的著作留存下來，其餘也大都失傳了。南北朝至隋朝興盛的義疏之學，其成果僅有皇侃《論語疏》幸存於日本。五代時期精心校刻的《九經》、北宋時期國子監重刻的《九經》以及校刻的單疏本，也全部失傳。南宋國子監刻的單疏本，我國僅存《周易正義》、《爾雅疏》、《春秋公羊疏》（三十卷殘存七卷）、《春秋穀梁疏》（十二卷殘存七卷），日本保存了《尚書正義》、《毛詩正義》、《禮記正義》（七十卷殘存八卷）、《周禮疏》（日本傳抄本）、《春秋公羊疏》（日本傳抄本）、《春秋正義》（日本傳抄本）。南宋兩浙東路茶鹽司刻八行本，我國保存下來的有《周禮疏》、《禮記正義》、《春秋左傳正義》（紹興府刻）、《論語注疏解經》（二十卷殘存十卷）、《孟子注疏解經》（存臺北『故宫』），日本保存有《周易注疏》《尚書正義》（凡兩部，其中一部被清楊守敬購歸）。南宋福建刻十行本，我國僅存《春秋穀梁注疏》、《春秋左傳注疏》（六十卷，一半在大陸，一半在臺灣），日本保存有《毛詩注疏》《春秋左傳注疏》。從這些情況可以看出，經書代表性的早期注釋和早期版本國内失傳嚴重，有的僅保存在東鄰日本。

鑒於這樣的現實，一百多年來我國學術界、出版界努力搜集影印了多種珍貴版本，但是在系統性、全面性和準確性方面都還存在一定的差距。例如唐代開成石經共十二部經典，石碑在明代嘉靖年間地震中受到損害，明代萬曆初年西安府學等學校師生曾把損失的文字補刻在另外的小石上，立於唐碑之旁。近年影印出版唐石經拓本多次，都是以唐代石刻與明代補刻割裂配補的裱本爲底本。由於明代補刻采用的是唐碑的字形，這種配補本難以區分唐刻與明代補刻，不便使用，亟需單獨影印唐碑拓本。

爲把幸存於世的、具有代表性的早期經解成果以及早期經典文本收集起來，系統地影印出版，我們規劃了《儒典》編纂出版項目。

《儒典》出版後受到文化學術界廣泛關注和好評，爲了滿足廣大讀者的需求，現陸續出版平裝單行本。共收録一百十一種元典，共計三百九十七册，收録底本大體可分爲八個系列：經注本（以開成石經、宋刊本爲主。開成石經僅有經文，無注，但它是用經注本删去注文形成的）、經注附釋文本、纂圖互注本、單疏本、八行本、十行本、宋元人經注系列、明清人經注系列。

《儒典》是王志民、杜澤遜先生主編的。本次出版單行本，特請杜澤遜、李振聚、徐泳先生幫助酌定選目。特此説明。

二〇二四年二月二十八日

目録

尚書序

（此孔氏所作述尚書起之時代并敘為注之由故相承講之今依舊[illegible]）

唐國子博士兼太子中允贈齊州刺史

吳縣開國男陸　德明　釋文附

古者伏犧氏之王天下也（伏犧氏伏古作虙犧本又作羲亦作戲許宜反說文云賈侍中說此犧非古字張揖字詁云羲古字戲今字一號包羲氏三皇之最先風姓母曰華胥以木德王即太皡也王于況反）始畫八卦（畫胡麥反卦俱賣反）造書契（契苦計反書者文字契者刻木而書其側故曰書契也一云書契約其事也鄭玄云書書木邊言其事刻其木謂之書契也）以代結繩之政（易繫辭云上古結繩以治後世聖人易之以書契）由是文籍生焉（文字也籍籍書）伏犧神農黃帝之書（神農炎帝也姜姓母曰女登以火德王三皇之二也黃帝軒轅也姬姓少典之子母曰附寶以土德王三皇之三也史記[illegible]生公孫名軒轅一曰有熊氏）謂之三墳（墳扶云反大也）言大道也少昊顓

顓頊高辛唐虞之書少詩照反昊胡老反少昊金天氏名摯字青陽一日玄囂己姓黄帝之子母曰女節以金德王五帝之最先顓音專頊許玉反顓頊高陽氏姬姓黄帝之孫昌意之子母曰景僕謂之女樞以水德王五帝之二也辛帝嚳也姬姓嚳口毒反母名不見以木德王五帝之三也唐帝堯也姓伊耆氏堯初為唐侯後為天子都陶故號陶唐氏帝嚳之子帝摯之弟母曰慶都以火德王五帝之四也虞帝舜也姓姚氏國號有虞顓頊六世孫瞽瞍之子母曰握登以土德王五帝之五也先儒解三皇五帝與孔子同並見發題謂之五典言常道也至于夏商周之書夏禹天下號也以金德王三王之最先商湯天下號也亦號殷以水德王三王之二周文王武王天下號也以木德王三王之三雖設教不倫雅誥奧義誥故報反告也示也奧烏報反深也其歸一揆揆葵癸反度也是故歷代寶之以為大訓八卦之說謂之八索索所白反下同求也徐音素本或作素求其義也九州之志謂之九丘丘聚也言九州所有土地所生風氣所宜皆

聚此書也。春秋左氏傳曰楚左史倚相左史史官在左倚於綺反
劉琴綺反相息亮反倚相楚靈王時史官也能讀三墳五典八索九丘即謂
上世帝王遺書也先君孔子生於周末覩史籍之
煩文懼覽之者不一遂乃定禮樂明舊章刪詩爲
三百篇刪色姦反約史記而修春秋讚易道以黜八索
黜丑律反述職方以除九丘討論墳典斷自唐虞以下
斷丁亂反訖于周訖許乙反芟夷煩亂芟色咸反翦截浮辭翦咨
淺反舉其宏綱撮其機要撮七活反機又作幾足以垂世立教
典謨訓誥誓命之文凡百篇所以恢弘至道典凡五篇正典二
攝十三十一篇亡謨莫胡反凡三篇正一攝一訓凡十六篇正二
篇攝十四二篇亡誥凡三十八篇正八攝三十十八篇亡誓市

制反凡十篇正八攝二一篇亡六命凡十八篇正十二三篇亡攝六四篇亡〔恢〕苦回反大也示人主以軌範

也帝王之制坦然明白可舉而行三千之徒並

受其義及秦始皇名政二十六年初并六國自號始皇帝滅先代典籍焚

書坑儒焚詩書在始皇之三十四年坑儒在三十五年〔坑〕苦庚反天下學士逃難解

散〔難〕乃旦反〔解〕音蟹我先人用藏其家書于屋壁漢室龍興

開設學校〔校〕戶教反詩箋云鄭國謂學為校旁求儒雅以闡大猷〔闡〕尺

善反大也明也濟南伏生〔濟〕子禮反濟南郡名也伏生名勝年過九十〔過〕古臥反後同失

其本經口以傳授〔傳〕直專反下傳之子孫同裁二十餘篇即馬鄭所注二十九篇是也

以其上古之書謂之尚書百篇之義世莫得

聞至魯共王〔共〕音恭亦作龔又作恭共王漢景帝之子名餘也好治宮室〔好〕呼報反

□□好□古同壞孔子舊宅壞音怪下同字林作數云公壞反毀也以廣其居於
壁中得先人所藏古文虞夏商周之書及傳論語
孝經傳謂春秋也一云周易十翼非經謂之傳論如字又音倫皆科斗文字科苦禾反科斗蟲名
蝦蟆子書形似之王又升孔子堂聞金石絲竹之音乃不壞
宅悉以書還孔氏科斗書廢已久時人無能知者
以所聞伏生之書考論文義定其可知者為隸古
定隸音麗謂□□隸書寫古文更以竹簡寫之增多伏生二十五
篇謂虞書大禹□□夏書五子之歌胤征商書仲虺之誥湯誥伊訓太甲三篇咸有一德說命三篇周書泰誓三篇武成旅獒
微子之命蔡仲之命周官君陳畢命君牙冏命伏生又以舜典合於堯典益稷
合於皋陶謨盤庚三篇合為一康王之誥合於顧

命合舊音閤又如字下同皋音高本又作咎陶音遥本又作繇盤步干反本又作般復出此篇并
序復扶又反下同凡五十九篇即今所行五十八篇其一是百篇之序為四十六
卷其餘錯亂摩滅謂虞書汨作九共九篇槀飫帝告釐沃湯征汝鳩汝方商書夏社疑至臣扈
典寶明居肆命徂后沃丁咸乂四篇伊陟原命仲丁河亶甲祖乙高宗之訓周書分器旅巢命歸禾嘉禾成王政將蒲姑賄肅慎
之命亳姑凡四十二篇亡弗可復知悉上送官上時掌反藏之書府以
待能者承詔為五十九篇作傳傳直戀反於是遂研精
覃思覃徒南反深也思息嗣反博考經籍採摭羣言採本又作采摭之石反音之若反
以立訓傳約文申義敷暢厥旨敷芳夫反暢丑亮反庶幾有
補於將來書序序所以為作者之意為于僞反又如字昭然
義見見賢遍反宜相附近故引之各冠其篇首冠古亂反定

五十八篇既畢會國有巫蠱事漢武帝末征和中江充造蠱敗戾太子故經籍道息焉巫音無蠱音古經籍道息用不復以聞傳之子孫以貽後代貽以之反遺也若好古博雅君子與我同志亦所不隱也

五經書肆屢嘗刊行矣然魚魯混殽鮮有能校之若今得狀元陳公諱應行精加點校參入音釋彫開於後學深有便矣士夫詳察建安錢塘王朋甫咨

商七

太

昭 祧

昭 廟考顯

昭 廟考王

藏遷昭廟者五 高祖 亦祖曰 亦

堯九族圖

高祖 曾祖 祖 父 身 子 孫 曾孫 玄孫

祖兄再從兄弟

緦麻三從兄弟

小功再從兄弟

大功初從兄弟

期親兄弟

下殺四自子至元孫

中殺一自親兄弟至四從兄弟

上殺四父至高祖

商五

耿

祖乙都河東皮氏耿縣

囂

仲丁都開封陳留浚儀

舜巡四嶽圖

廟圖

祖

穆　祧　穆　皇考廟　穆　考廟

都圖

相　今河北相州

亳　河南偃師縣　盤庚復遷此

舜十二州圖

營　分青州

青　分青為營

兗　揚　徐　荊

幽　分燕

冀　分冀州北為幽并

豫　梁

并州　太原

五刑四罪圖

墨	劓	剕	宮	大辟
刻額	截鼻	刖足	割勢	死刑

五服三就

大罪	大夫	士
原野	朝	市

五宅三居

大罪	次罪	次
四裔	九州之外	千里之外

竄三苗于三危　三危在西裔

流共工于幽州　幽州在北裔

放驩兜于崇山　崇山在南裔

殛鯀于羽山　羽山在東裔　東海祝其縣

五聲八音圖

第六　六吕圖

宮

申七月　酉八月　戌九月　亥十月　子十一月　丑十二月　寅正月　卯二月　辰三月　巳四月　午五月　未六月

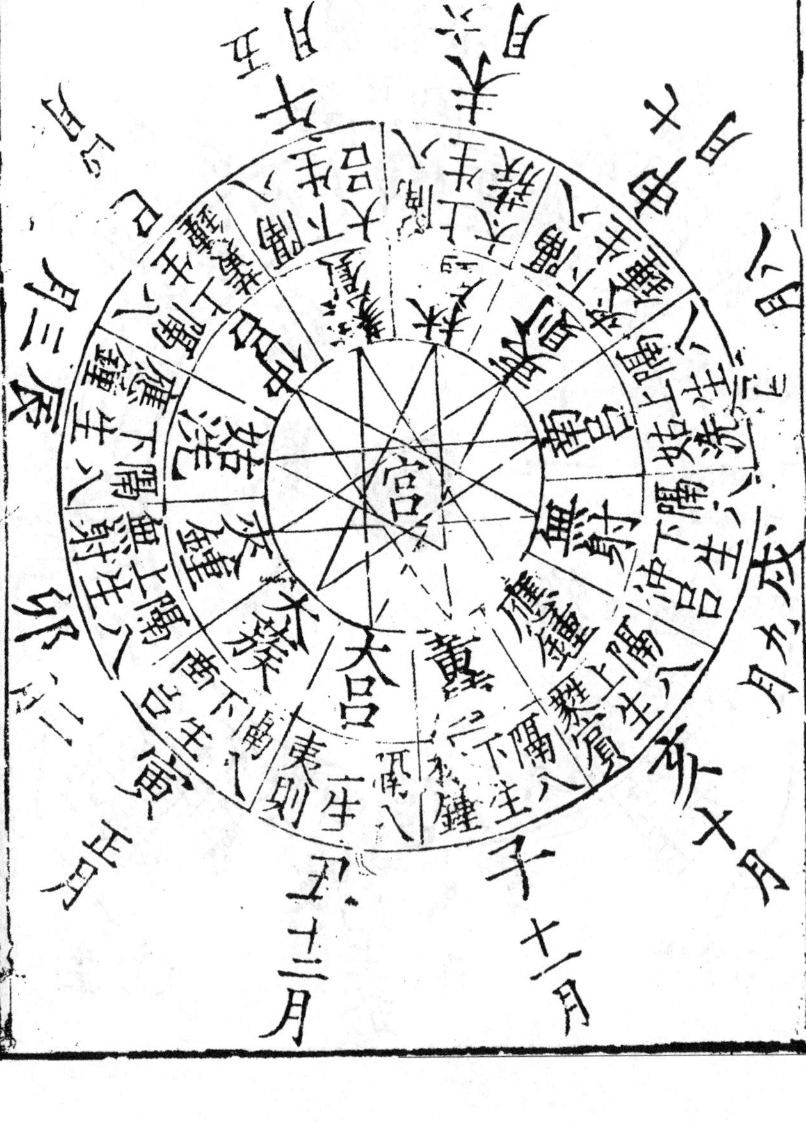

歲星之圖

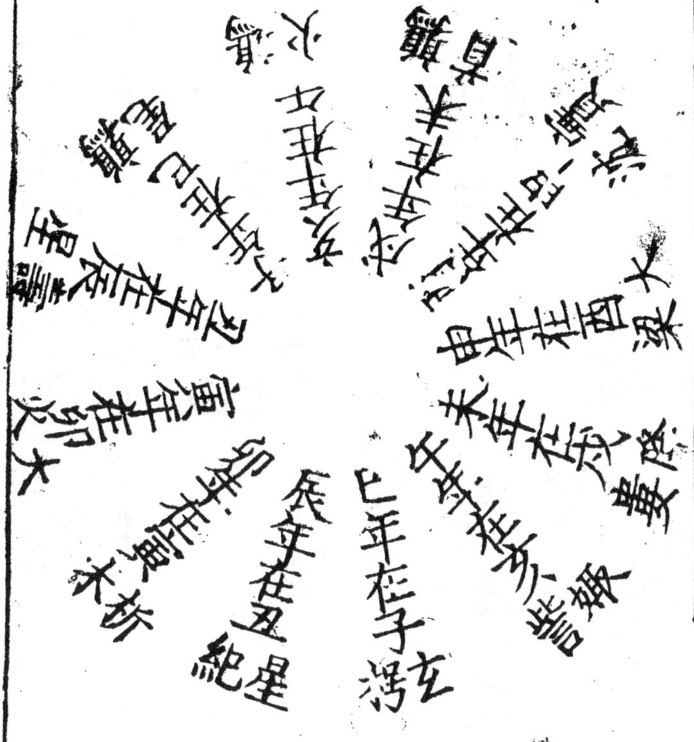

昭公九年歲在□□已五歲及大梁○襄公十九年□□蟜卒歲在降婁至三十一年歲又在降婁○襄公十八年曰天道多在西北注云□□在豕韋三十年曰歲在娵訾之口昭公十一年□歲在豕韋○襄公二十八年曰歲星淫於玄枵昭公十年曰歲在顓頊之虛注云顓頊之虛謂玄枵也○襄公二十八年與昭公九年□皆曰

八音八風圖

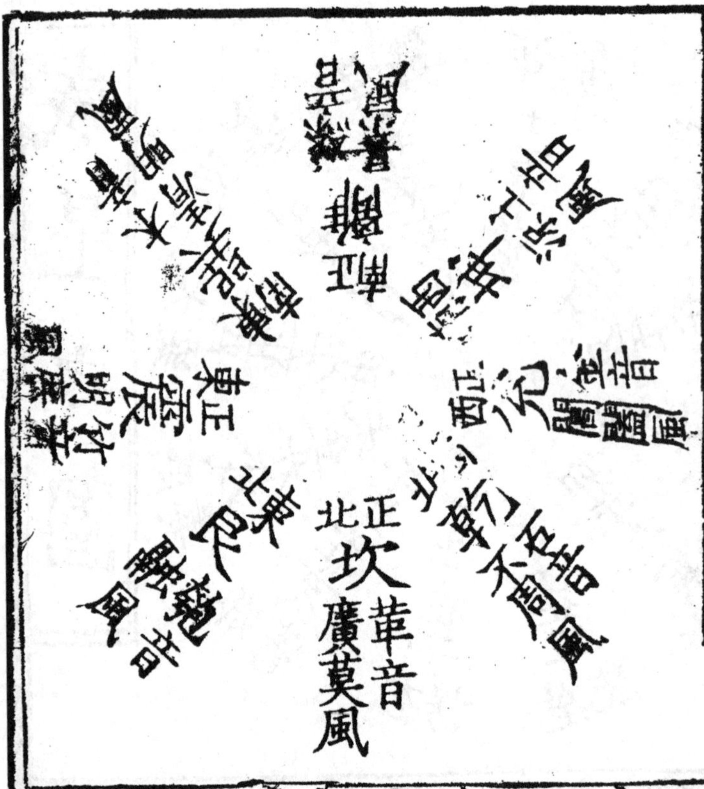

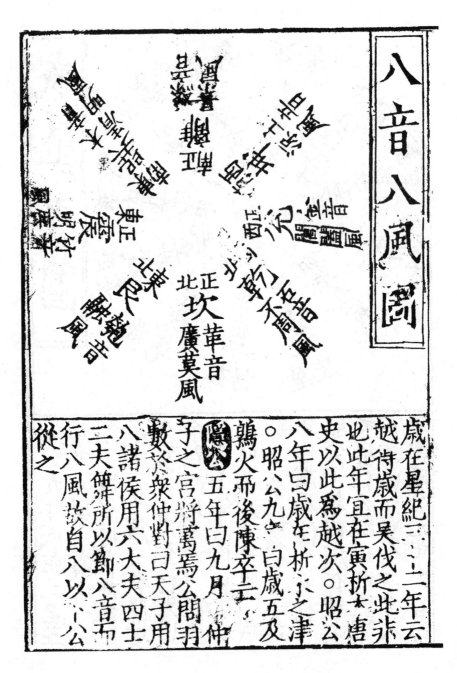

歲在星紀三十二年云越得歲而吴伐之此非也此年宜在寅析木津史以此為越次。昭公八年曰歲在析木之津。昭公九年曰歲五及鶉火而後陳卒亡隱公五年曰九月仲子之宫將萬焉公問羽數於衆仲對曰天子用八諸侯用六大夫四士二夫舞所以節八音而行八風故自八以下公從之

馮相氏歲名圖

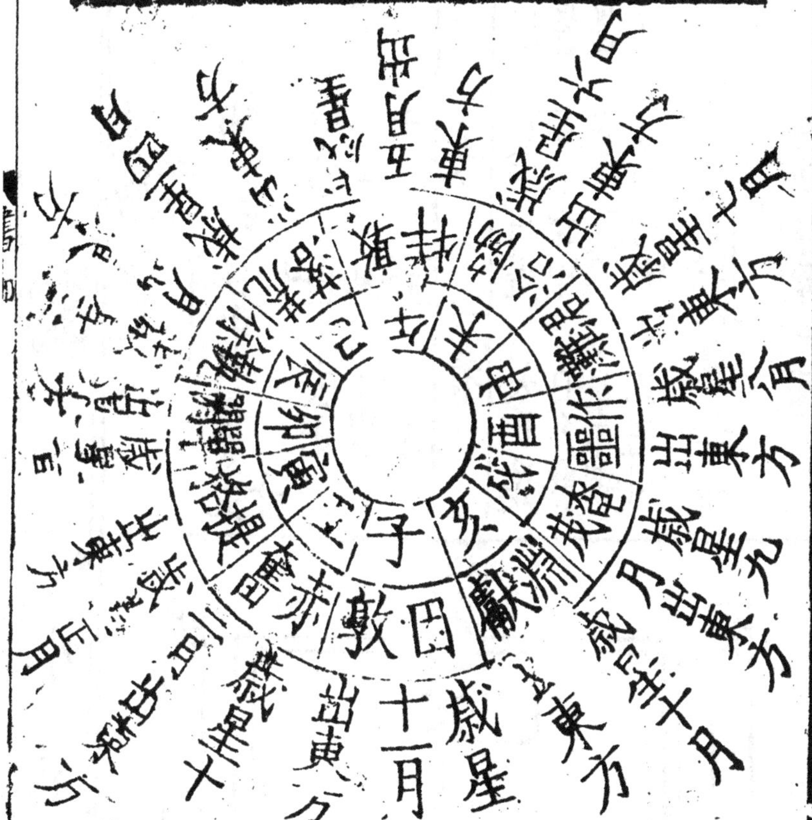

馮相氏掌十二歲歲謂太歲歲星與日同次之月斗所建之辰也歲星爲陽右行於天太歲爲陰左行於地十二歲而小周與日常應太歲月建以……

圖

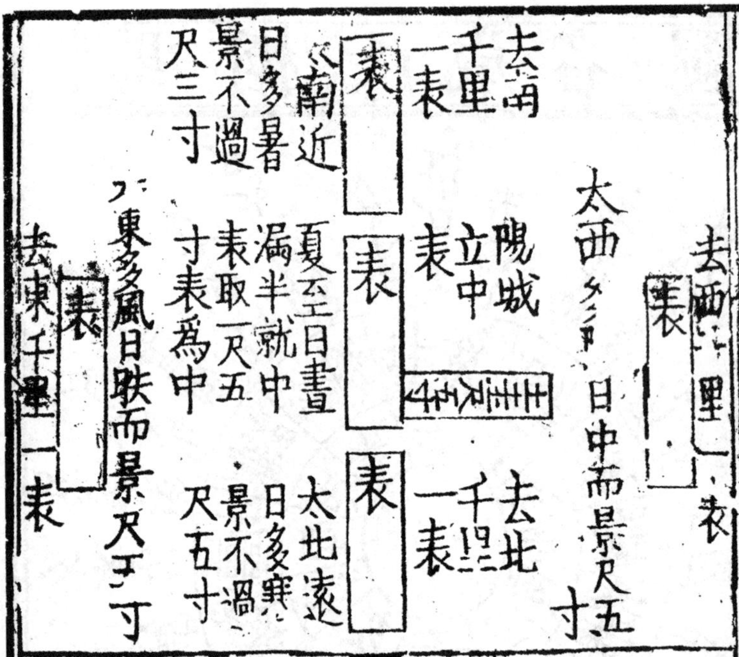

去南千里一表
陽城立中表
太西多陰日中而景尺五寸
去西千里一表
南近日多暑景不過尺三寸
夏至日晝漏半就中表取一尺五寸表為中
土圭尺五寸
去北千里一表
太北遠日多寒景不過尺五寸
東多風日昳而景尺三寸
去東千里一表
表
表
表
表
表

水池法圖

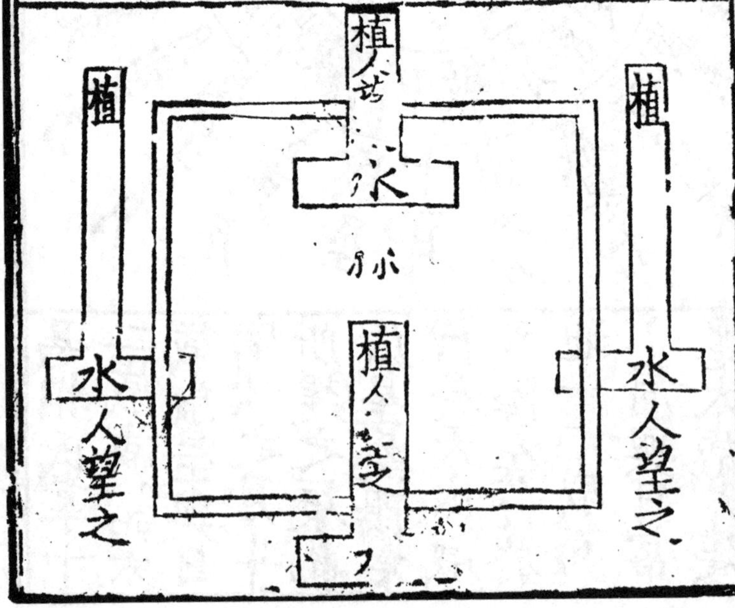

植人望之
水
水
植人望之
植
水人望之
植
水人望之

六年五服一朝圖

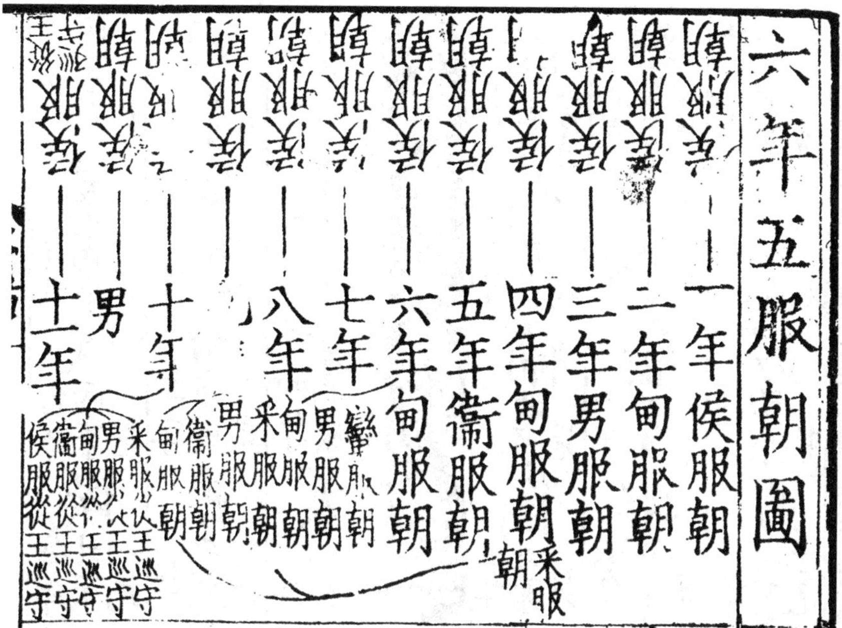

溝畎澮距川圖

一成之田，耟廣五寸，二耟爲耦，一耦之伐，廣尺深尺謂之畎，田首倍之，廣二尺深二尺謂之遂，九夫爲井，井間廣四尺深四尺謂之溝，九遂入一溝，九溝入一洫

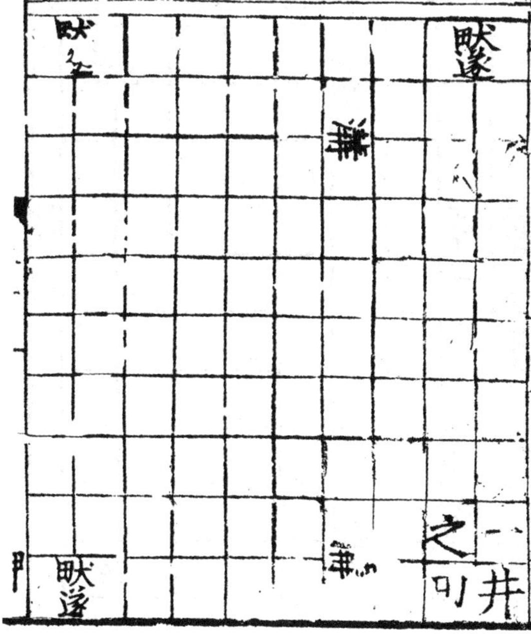

	春朝	夏宗	秋覲	冬遇
侯	侯每年東來一見	侯每年南來一見	侯每年西來一見	侯每年北來一見
甸	甸二年東來一見	甸二年南來一見	甸二年西來一見	甸二年北來一見
采	采[illegible]年東來一見	采四年南來一見	采四年西來一見	采四年北來一見
衛	衛五年東來一見	衛五年南來一見	衛五年西來一見	衛五年北來一見
蠻	蠻六年東來一見	蠻六年南來一見	蠻六年西來一見	蠻六年北來一見
男	[illegible]東來一見	[illegible]三年南來一見	男三年西來一見	男三年北來一見

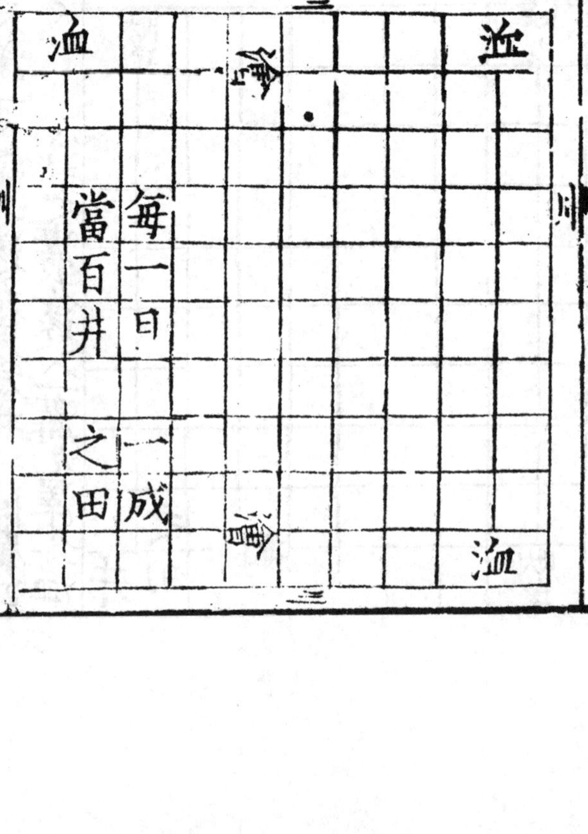

右一同之田方十里爲成閒八尺深八尺曰洫方百里為同同閒廣二尋深二仞謂之澮九澮共入大川一同之田心九千溝九百洫九十澮九

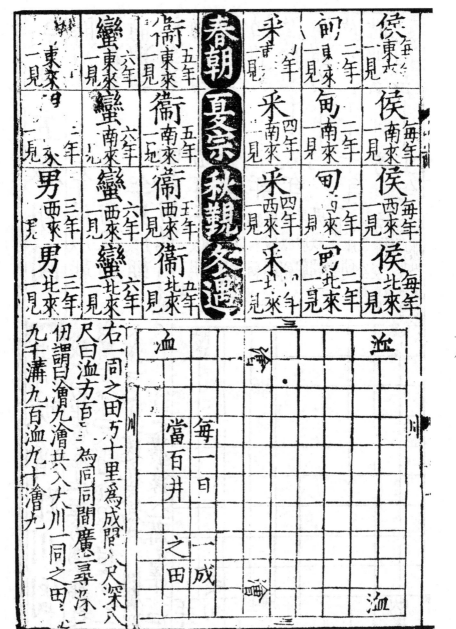

一八

堯制五服圖

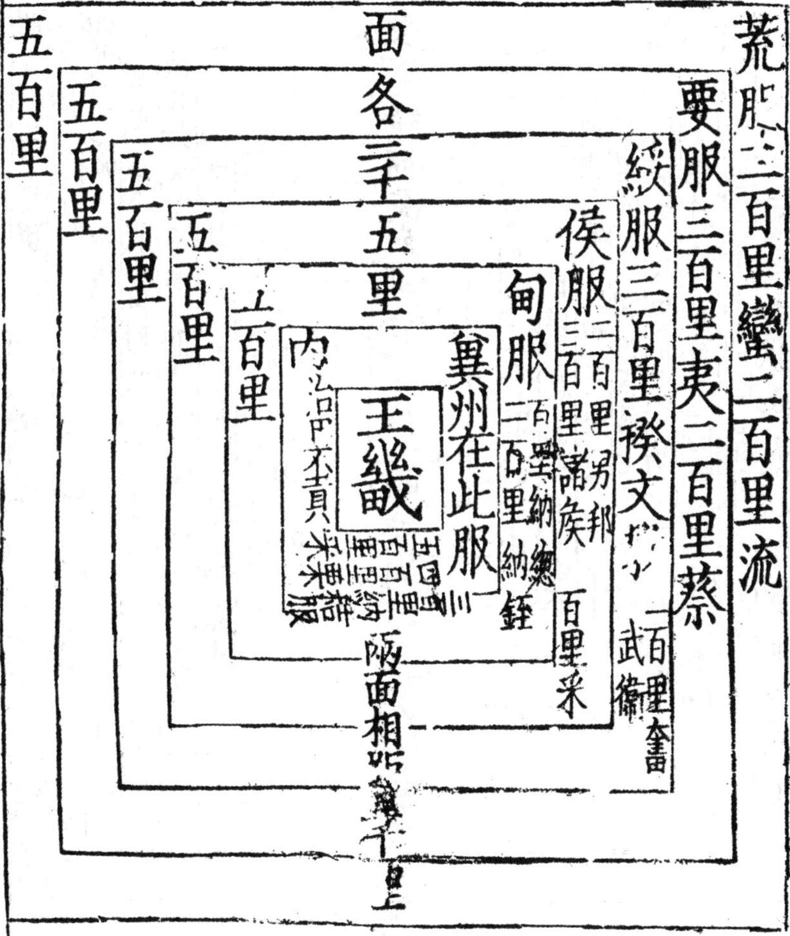

荒服三百里蠻二百里流
要服三百里夷二百里蔡
綏服三百里揆文教
二百里奮武衛
侯服二百里男邦
三百里諸侯
百里采
甸服百里納總
二百里納銍
冀州在此服
王畿
五百里
五百里
五百里
五百里
五百里
面各二千五里
兩面相距

一九

禹弼五服圖

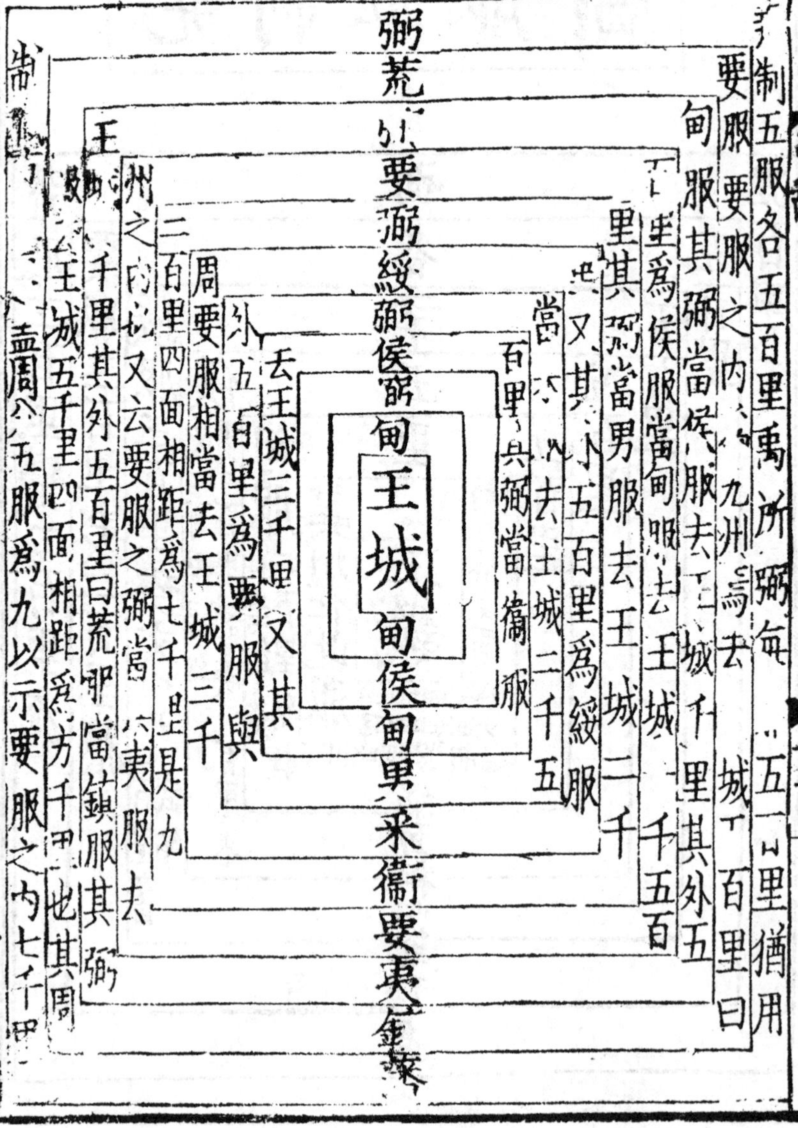

制五服各五百里禹所弼每……五……里猶用
要服要服之内……九州……去……城……百里曰
甸服其弼當侯服去王城千里其外五
……爲侯服當甸服去王城……千五百
里其弼當男服去王城二千
……又其……五百里爲綏服
當……去王城二千五
百里……其弼當衛服
去王城三千里又其
外五百里爲要服與
周要服相當去王城三千
二百里四面相距爲七千里是九
州之内……又云要服之弼當……夷服去
王……千里其外五百里曰荒服當鎮服其弼
……王城五千里四面相距爲方千里也其周
……盡周……五服爲九以示要服之内七千里
弼荒……要弼綏弼侯弼甸
王城
甸侯甸男采衛要夷……

堂上樂

戛

戛敔也狀如伏虎背上有一十二鉏鋙刻以木長尺皷之以止樂

擊

擊柷也如漆桶方二尺四寸深一尺八寸中有椎柄合絲時投椎其中而撞之

球

搏拊

琴

瑟

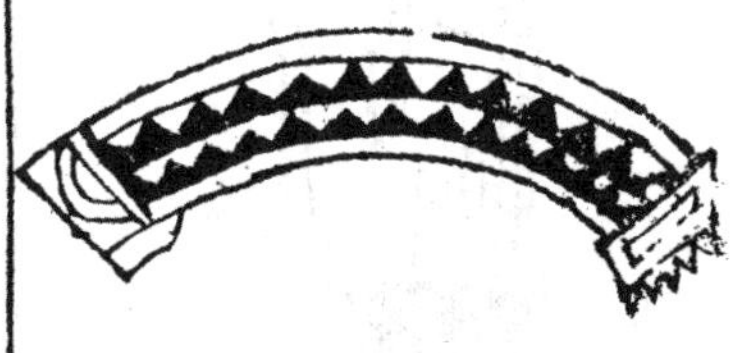

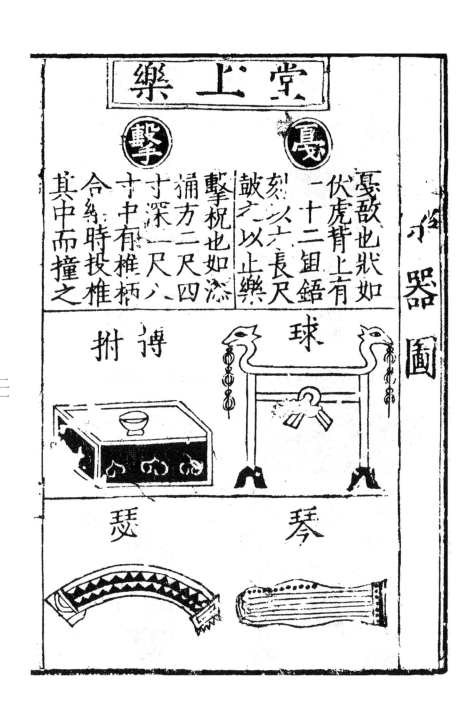

堂下樂

鼓　鼗

笛

敔　柷

鏞　笙

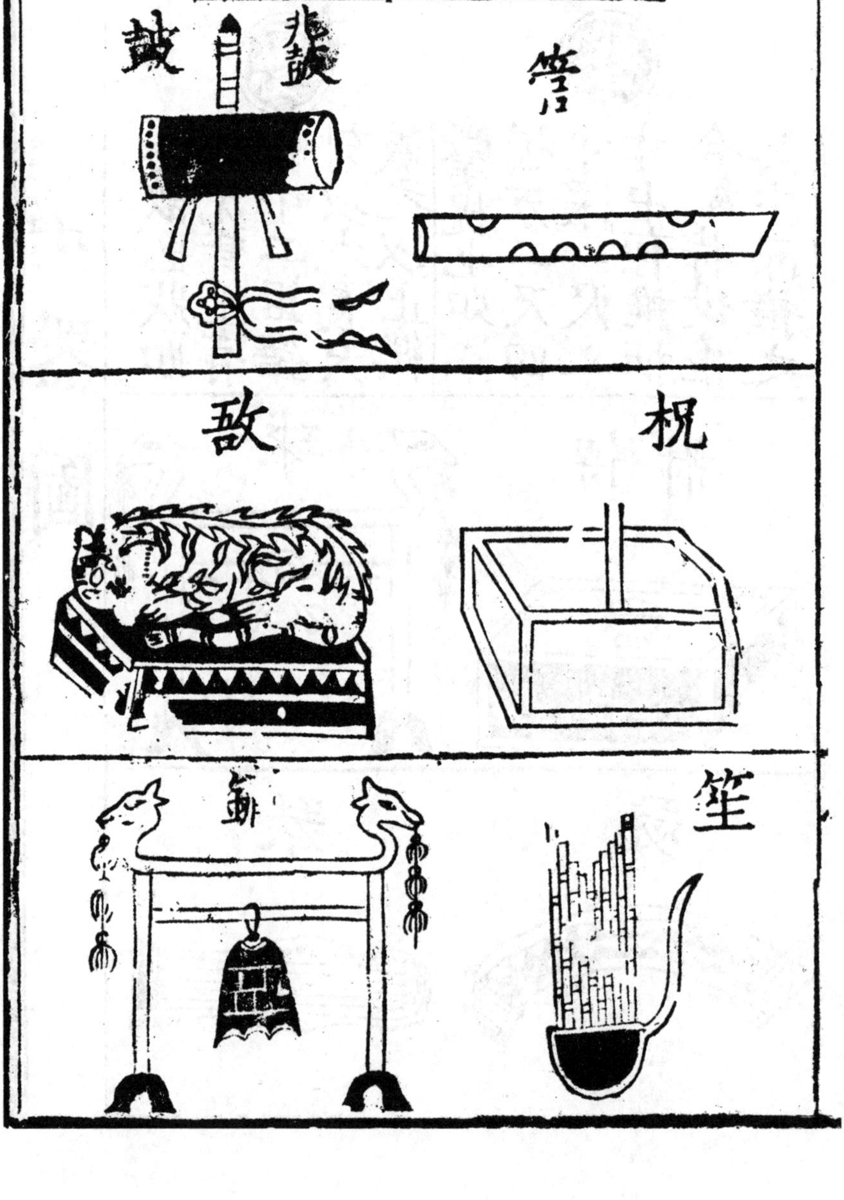

[illegible]衡圖

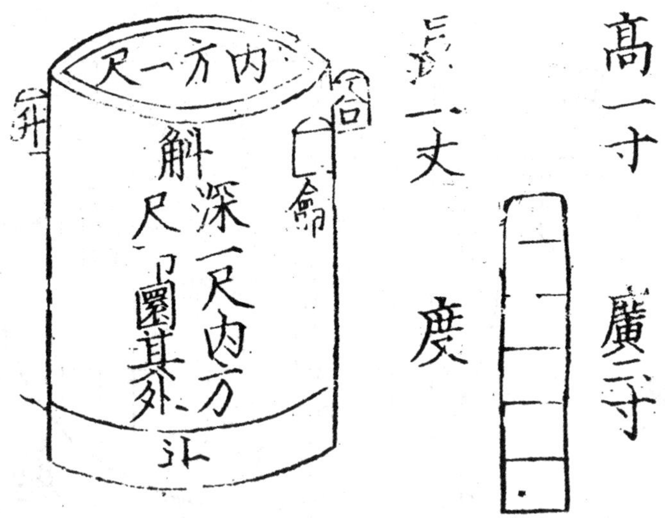

度本起黃鐘之長以子穀秬黍中者一黍之廣度之九十分黃鐘之長一為一分十分為寸十寸為尺十尺為丈十丈為引五度審矣用銅為之高一寸廣二寸長一丈又竹為之高一分廣六分長一丈

量本起黃鐘之龠其容以子穀秬黍中者千二百實其龠以井水準其槩合龠為合十

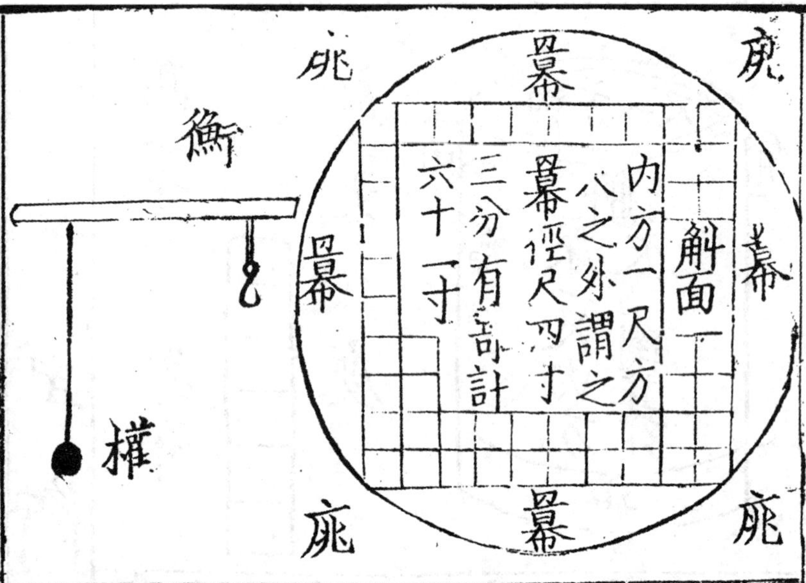

合爲升十升爲斗十斗爲斛其法用銅上爲斛下爲斗左耳爲升右耳爲合龠矣

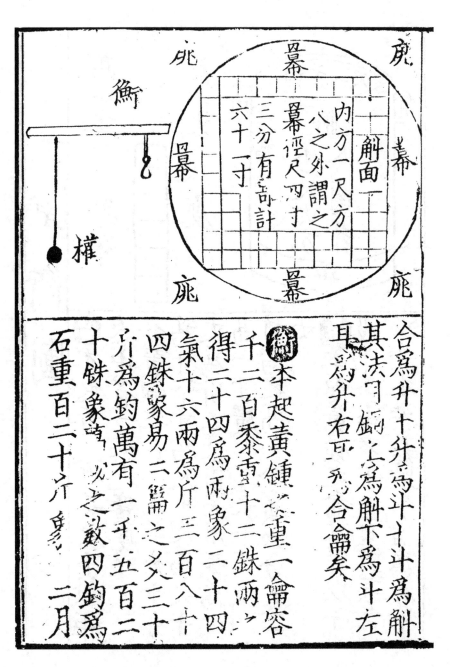

衡本起黄鍾之重一龠容千二百黍重十二銖兩之得二十四爲兩象二十四氣十六兩爲斤三百八十四銖象易二篇之爻三十斤爲鈞萬有一千五百二十銖象萬物之數四鈞爲石重百二十斤象二月

尚書卷第一

堯典第一

虞書　孔氏傳

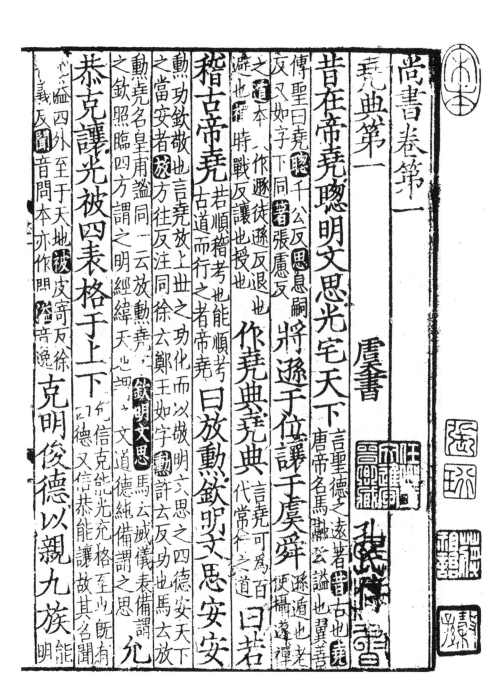

昔在帝堯聰明文思光宅天下言聖德之遠著昔古也堯唐帝名馬融云謚也翼善傳聖曰堯聰千公反思息嗣反又如字下同著張慮反將遜于位讓于虞舜遜遁也老使攝遂禪之遜本又作遯徒遜反退也避也禪時戰反讓也授也作堯典言堯可為百代常行之道曰若稽古帝堯若順稽考也能順考古道而行之者帝堯曰放勳欽明文思安安勳功欽敬也言堯放上世之功化而以敬明文思之四德安天下之當安者放方往反注同徐云鄭王如字勳許云反功也馬云放勳堯名皇甫謐同一云放勳堯字欽明文思馬云威儀表備謂之欽照臨四方謂之明經緯天地謂之文道德純備謂之思允恭克讓光被四表格于上下允信克能光充格至也既有四德又信恭能讓故其名聞充溢四外至于天地被皮寄反徐扶義反聞音問本亦作問溢音逸克明俊德以親九族能明

士任用之以睦高祖玄孫之親自高祖下至玄孫凡九族馬鄭同九族既睦平章百

王既已也百姓百官言化九族而平和章明百姓昭明協和萬邦黎民於變

時雍昭亦明也協合黎衆時是雍和也言天下衆民皆變化化上是以風俗大和黎力兮反乃命羲和

欽若昊天曆象日月星辰敬授人時重黎之後羲氏和氏世掌天地四時

之官故堯命之使敬順昊天昊天言元氣廣大星四方中星辰日月所會曆象其分節敬記天時以授人也此舉其目下別序之羲

和馬云羲氏掌天官和氏掌地官四子掌四時昊胡老反重直龍反少昊之後黎高陽之後日月所會謂日月交會於十二次也寅

曰析木卯曰大火辰曰壽星巳曰鶉尾午曰鶉火未曰鶉首申曰實沈酉曰大梁戌曰降婁亥曰娵訾子曰玄枵丑曰星紀

分命羲仲宅嵎夷曰暘谷宅居也東表之地稱嵎夷暘明也日出於谷而天下明故稱暘谷

谷嵎夷一也羲仲居治東方之官嵎音隅馬曰嵎海嵎也夷萊夷尚書考靈耀及史記作禺銕暘音陽谷工木反又音欲下同馬

云暘谷海嵎夷之地名日出於谷本或作日出於陽谷陽谷作

寅賓出日平秩東作寅敬賓導

序也歲起於東而始就耕謂之東作東方之官敬導出日平均次序東作之事以務農也 寅 徐以真反又音夷下同 賓 如字徐音

云從也 出 尺遂反又如字注同 平 如字馬作苹普庚反云使也下皆放此 秩 如字 日中星鳥以殷

仲春 日中謂春分之日鳥南方朱鳥七宿殷正也春分之昬星畢見以正仲春之氣節轉以推季孟則可知 中 貞仲反

又如字 殷 於勤反馬鄭云中也 宿 音秀 見 賢遍反下同 厥民析鳥獸孳尾 冬寒無事

室處既起丁壯就功厥其也言其民老壯分析乳化曰孳交接曰尾 析 星歷反 孳 音字 乳 儒付反說文云人及鳥生子曰乳獸

曰產 申命羲叔宅南交 申重也南交言夏與春交舉一隅以見之此居治南方之官 重 直用反

平秩南訛敬致 訛化也掌夏之官平叙南方化育之事敬行其教以致其功四時同之亦舉一隅 訛 五禾

反 日永星火以正仲夏 永長也謂夏至之日火蒼龍之中星舉中則七星見可知以正仲夏

之氣節季孟亦可知 厥民因鳥獸希革 因謂老弱因就在田之丁壯以助農也夏時鳥獸毛羽希

改易 分命和仲宅西曰昧谷 冥也日入於谷而天下故曰昧谷曰西則嵎

東可知此居治西方之官掌秋天之政【昧】武內反【冥】莫定反寅餞納日平秩西成餞送也日出言導日入言送因事之宜秋西方萬物成平序其政助成物也【餞】賤衍反馬云滅也猶沒也宵中星虛以殷仲秋宵夜也春言日秋言夜互相備虛玄武之中星亦言七星皆以秋分日見以正三秋厥民夷鳥獸毛毨夷平也老壯在田與夏平也毨理也毛更生整理【毨】先典反又云仲秋鳥獸毛盛可選取以爲器用也申命和叔宅朔方曰幽都平在朔易北稱朔亦稱方言一方則三方見矣北稱幽則南稱明從可知也都謂所聚也易謂歲改易於北方平均在察其政以順天常上總言羲和敬順昊天此分別仲叔各有所掌【別】彼列反下同日短星昴以正仲冬日短冬至之日昴白虎之中星亦以七星並見以正冬之三節厥民隩鳥獸氄毛隩室也民改歲入此室處以辟風寒鳥獸皆生耎毳細毛以自溫焉【隩】於六反馬云煖也【氄】如勇反徐又而充反馬云溫柔貌【辟】音避【耎】如充反本或作濡音儒【毳】尺銳反帝曰咨

羲暨和朞三百有六旬有六日以閏月定四時成

二八

歲 咨嗟暨與也匝四時曰朞一歲十二月月三十日正三百六十日除小月六爲六日是爲一歲有餘十二日未盈三歲足得一月則置閏焉以定四時之氣節成一歲之曆象 閏如順反 朞居其反下同 旬似遵反十日爲旬 匝子合反

允釐百工庶績咸熙 允信釐治工官績功咸皆熙廣也言定四時成歲曆以告時授事則能信治百官衆功皆廣歎其善 釐力之反 熙許其反興也

帝曰疇咨若時登庸 疇誰庸用也誰能咸熙庶績順是事者將登用之 疇直由反

放齊曰胤子朱啓明 放齊臣名胤國子爵朱名啓開也吁疑怪之辭言不忠信爲嚚又好爭訟可乎言不可 放方往反注同 胤引信反馬云嗣也 吁況于反徐往付反一音于 嚚魚巾反 訟才用反 馬本作庸 好呼報反下注同 爭爭鬬也

帝曰吁嚚訟可乎

帝曰疇咨若予采 采事也復求誰能順我事者 予音餘又羊汝反 采七在反馬云官也 復扶又反

驩兜曰都共工方鳩僝功 驩兜臣名都於歎美之辭共工官稱鳩聚僝見也歎共工能方方聚見其功 驩呼端反 兜丁侯反 共音恭注同 僝仕簡反徐音撰馬云具 於音烏 稱尺證反

帝曰吁靜言庸違象恭滔天 靜謀滔漫也言

共工自爲謀言起用行事而違背之皃象恭敬而心傲很若漫天言不可用 滔吐刀反 漫末旦反下同又末寒反 背音佩 傲五報反下同 很恨懇反

帝曰咨四岳 四岳即上羲和之四子分掌四岳之諸侯故稱焉

湯湯洪水方割 湯湯流貌洪大割害也言大水方方爲害 湯音傷 洪戶工反

蕩蕩懷山襄陵浩浩滔天 蕩蕩言水奔突有所滌除懷包襄上也包山上陵浩浩盛大若漫天 浩胡老反 蕩徒黨反 上時掌反

下民其咨有能俾乂 俾使乂治也言民咨嗟憂愁病水困苦故問四岳有能治者將使之 俾必爾反

僉曰於鯀哉 僉皆也鯀崇伯之名朝臣舉之 僉七廉反又七斂反 於音烏 鯀故本反馬云禹父也 朝直遙反

帝曰吁咈哉方命圮族 凡言吁者皆非帝意咈戾圮毀族類也言鯀性很戾好比方名命而行事輒毀敗善類 咈符弗反忿戾也 方如字馬云放也徐云鄭王音放 圮皮美反 戾力計反

岳曰异哉試可乃已 异已也退也言餘人盡已唯鯀可試乃退 异徐云鄭音異孔王音怡

帝曰往欽哉 往治水命使敬其事堯知其性很戾圮族未明其所能而據衆言可試故遂用之

九載績用弗成

也三考九年功用不成則放退之帝曰咨四岳朕在位七十載堯年十六以唐侯升
爲天子在位七十年則時年八十六老將求代朕直錦反馬云我也汝能庸命巽朕位巽順也言四岳
能用帝命故欲使順行帝位之事巽音遜馬云讓也岳曰否德忝帝位否不也忝辱也辭不堪否方
久反又音鄙忝他簟反曰明明揚側陋堯知子不肖有禪位之志故明舉明人在側陋者廣求賢也肖
音笑說文云肖骨肉相似也不似其先故曰不肖師錫帝曰有鰥在下曰虞舜
師衆錫與也無妻曰鰥虞氏舜名在下民之中衆臣知舜聖賢恥已不若故不舉乃不獲已而言之錫星歷反鰥故頑反虞舜虞氏
舜名也馬云舜謚也舜死後賢臣録之臣子爲諱故變名言謚帝曰俞予聞如何俞然也然其所舉言
我亦聞之其德行如何俞羊朱反行下孟反下其行同岳曰瞽子父頑母嚚象傲
無目曰瞽舜父有目不能分別好惡故時人謂之瞽配字曰瞍瞍無目之稱心不則德義之經爲頑象舜弟之字傲慢不友言並惡
瞽音古傲五報反瞍素后反諧戶諧反又如字克諧以孝烝烝乂不格姦諧和烝進也言

昆以至孝和諧頑嚚昏傲，使進進以善自治，不至於姦惡。嚚，五巾反。烝，之承反。姦，古顏反。帝曰我其試哉！言欲試舜，觀其行迹。女于時，觀厥刑于二女。女，妻。刑，法也。堯於是以二女妻舜，以觀其法度接二女，以治家觀治國。女，而據反。妻，千計反。釐降二女于嬀汭，嬪于虞。降，下。嬪，婦也。舜爲匹夫，能以義理下帝女之心於所居嬀水之汭，使行婦道於虞氏。嬀，居危反。汭，如銳反，水之內也。杜預注左傳云水之隈曲曰汭。嬪，毗人反。帝曰欽哉！歎舜能修己行敬以安人，則其所能者大矣。

舜典第二

虞書

孔氏傳

虞舜側微，爲庶人，故微賤。堯聞之聰明，將使嗣位，歷試諸難，嗣，繼也。試以治民之難事。難，乃旦反。作舜典。典之義與堯同。曰若稽古帝舜，亦言其順考古道而行之。曰重華協于帝。華謂文德，言其光文重合於堯，俱聖明。曰若稽古帝舜曰重華協于帝，此十二字是姚方興所上，孔氏傳本無，阮孝緒七錄亦云然。方興本或此下更有濬哲文明溫恭允塞玄德升聞乃命以位用之七八字異聯出之於王生知施也濬哲文明溫恭允塞濬深哲智也舜有深智文明溫恭之德信允塞上下玄德升聞乃命以位玄謂幽潛潛行道德升聞天朝遂見用慎徽五典五典克從徽美也五典五常之教父義母慈兄友弟恭子孝舜慎美篤行斯道舉八元使布之於四方五教能從無違命【徽】許韋反王云美馬云善也【從】才容反【八元】左傳高辛氏有才子八人伯奮仲堪叔獻季仲伯虎仲熊叔豹季貍忠肅恭懿宣慈惠和天下之民謂之八元納于百揆百揆時敘揆度也度百事揔百官納舜於此官舜舉八凱使揆度百事時無廢事業【揆】葵癸反【凱】開在反左傳高陽氏有才子八人蒼舒隤敳大臨尨降庭堅仲容叔達齊聖廣淵明允篤誠天下之民謂之八凱賓于四門四門穆穆穆穆美也四門四方之門舜流四凶族四方諸侯來朝者舜賓迎之皆有美德無凶人【朝】直遙反納于大麓烈風雷雨弗迷麓録也納舜使大録萬機之政陰陽和風雨時各以其有迷錯愆伏明舜之德合於天【麓】音鹿王云録也馬鄭云山足也【愆】起虔反帝曰格汝舜詢事考言乃言底可

三三

績三載汝陟帝位格來詢謀乃汝底致陟升也堯呼舜曰來汝所謀事我考汝言汝言致可以立功三
年矣三載考績故命使升帝位將禪之詢音荀底之履反王云致也馬云定也本或作厎非舜讓于德弗
嗣辭讓於德不堪不能嗣成帝位正月上日受終于文祖上日朔日也終謂堯終帝
位之事文祖者堯文德之祖廟正音又音征王云文祖廟名馬云文祖天也天為文萬物之祖故曰文祖在璿璣
玉衡以齊七政在察也璿美玉璣衡王者正天文之器可運轉者七政日月五星各異政舜察天文齊七
政以審己當天心與否璿音旋肆類于上帝堯不聽舜讓使之攝位舜察天文考齊七政而當天心故行其事肆
遂也類謂攝位事類遂以攝告天及五帝王云上帝天也馬云上帝太一神在紫微宮天之最尊者禋于六宗
精意以享謂之禋宗尊也所尊祭者其祀有六謂四時也寒暑也日也月也星也水旱也祭亦以攝告禋音因王云絜祀也馬云精
意以享也六宗王云四時寒暑日月星水旱也馬云天地四時也望于山川徧于群神九州
名山大川五嶽四瀆之屬皆一時望祭之群神謂丘陵墳衍古之聖賢皆祭之墳扶云反衍音演輯五瑞既

月乃日覲四岳群牧班瑞于群后輯斂既盡覲見班還后君也舜斂公侯伯
子男之瑞圭璧盡以正月中乃日日見四岳及九州牧監還五瑞於諸侯與之正始【輯】徐音集王云合馬云斂也【瑞】垂偽反信也【牧】
牧養之牧徐音目歲二月東巡守至于岱宗柴諸侯爲天子守土故稱守巡行之既
班瑞之明月乃順春東巡岱宗泰山爲四岳所宗燔柴祭天告至【巡】似遵反徐養純反【守】時救反本或作狩【岱】音代泰山也【柴】士皆
反爾雅祭天曰燔柴馬曰祭時積柴加牲其上而燔之【行】下孟反【燔】扶袁反又扶云反望秩于山川東岳諸侯
竟內名山大川如其秩次望祭之謂五岳牲禮視三公四瀆視諸侯其餘視伯子男【瀆】徒木反肆覲東后遂見
東方之國君協時月正日同律度量衡合四時之氣節月之大小日之甲乙使齊一
也律法制及尺丈斛斗斤兩皆均同律王云同齊也律六律也馬云律法也鄭云陰呂陽律也度如字丈尺也【量】力尚反斗斛也
衡稱也修五禮五玉修吉凶賓軍嘉之禮五等諸侯執其玉三帛二生一死
贄三帛諸侯世子執纁公之孤執玄附庸之君執黃二生卿執羔大夫執鴈一死士執雉玉帛生死所以爲贄以見之【贄】音

至本又作摯【纁】許云反如五器卒乃復卒子忽反終也復還也器謂圭璧如五器卒終則還之三帛生死則否【復】扶又反同【還】音旋五月南巡守至于南岳如岱禮南岳衡山自東岳南巡五月至八月西巡守至于西岳如初西岳華山初謂岱宗【華】户化反華山在弘農十有一月朔巡守至于北岳如西禮北岳恒山【恒】如字徐于救反如西禮方典本同馬本作如初歸格于藝祖用特巡守四岳然後歸告至文祖之廟藝文也言祖則考著特一牛【藝】魚世反馬王云禰也五載一巡守羣后四朝各會朝于方岳之下凡四處故曰四朝將說敷奏之事故申言之堯舜同道舜攝則然堯又可知【四】馬王皆云四面朝於方岳之下鄭云四朝四季朝京師也【朝】直遙反注同敷奏以言明試以功車服以庸敷陳奏進也諸侯四朝各使陳進治理之言明試其言以要其功功成則賜車服以表顯其能用【敷】音孚肇十有二州肇始也禹治水之後舜分冀州為幽州并州分青州為營州始置十二州【肇】音兆十有二州謂冀兗青徐荊揚豫梁雍并幽營也封十有二

山濬川封大也每州之名山殊大者以爲其州之鎮有流川則深之使通利濬荀俊反象以典刑

象法也用常刑用不越法流宥五刑宥寬也以流放之法寬五刑宥音又馬云宥三宥也鞭作

官刑以鞭爲治官事之刑扑作教刑扑楚也不勤道業則撻之扑普卜反徐敷卜反撻他達反金

作贖刑金黃金誤而入刑出金以贖罪贖石欲反徐音樹眚災肆赦怙終賊刑

眚過災害肆緩賊殺也過而有害當緩赦之怙姦自終當刑殺之眚所景反怙音户欽哉欽哉惟刑之

恤哉舜陳典刑之義勑天下使敬之憂欲得中恤峻律反憂也流共工于幽洲象恭滔天

感世故流放之幽洲北裔水中可居者曰洲共音恭左傳少皞氏有不才子毀信廢忠崇飾惡言靖譖庸回服讒蒐慝以誣盛德天

下之民謂之窮奇杜預云即共工窮[illegible]反放驩兜于崇山黨於共工罪惡同崇山南裔驩呼端反兜

丁侯反左傳帝鴻氏有不才子掩義隱賊好行凶德醜類惡物頑嚚不友是與比周天下之民謂之渾敦杜預云即驩兜也帝鴻黃

帝也竄三苗于三危三苗國名縉雲氏之後爲諸侯號饕餮三危西裔竄七亂反三苗馬王云國名也縉雲

氏之後爲諸侯食飲食也左傳縉雲氏有不才子貪于飲食冒于
貨賄侵欲崇侈不可盈厭聚斂積實不知紀極不分孤寡不恤窮
匱天下之民以比三凶謂之饕餮杜預云縉雲黃帝時官名非帝
子孫故以比三凶也貪財曰饕貪食曰餮音晋饕吐刀反餮他節反
殛鯀于羽山方命圮族績用不成殛竄放流皆誅也異其文述作之躰羽山東裔在海中殛紀力反鯀
故本反左傳顓頊氏有不才子不可教訓不知話言告之則頑舍
之則嚚傲很明德以乱天常天下之民謂之檮杌杜預云即鯀注
檮杌凶頑無儔匹之貌四罪而天下咸服皆服舜用刑當其罪故者先敘典刑而連引四罪
明皆舉用所行於此揔見之二十有八載帝乃殂落殂落死也堯年十六即位七十載求
禪試舜三載自正月上日至崩二十八載堯凡壽一百一十七歲殂才枯反百姓如喪考妣考妣[illegible]
言百官感德思慕喪如字又息浪反妣必履反父曰考母曰妣三載四海遏密八音遏絕密靜也八
音金石絲竹匏土革木四夷絕音三年則華夏可知言盛德恩化所及者遠也遏安葛反或音謁八音謂金鍾也石磬也絲琴瑟也竹
篪笛也匏笙也土塤也革鼓也木柷敔也匏白交反月正元日舜格于文祖月正正月元日

上日也舜服堯喪三年畢將即政故復至文祖廟告 復扶又反 詢于四岳闢四門 詢謀也謀政治於四岳開闢四方之門未開者廣致衆賢 闢婢亦反徐甫亦反 明四目達四聰 廣視聽於四方使天下無壅塞

咨十有二牧曰食哉惟時 咨亦謀也所重在於民食惟當敬授民時 柔遠能邇惇德允元 柔安邇近敦厚也元善之長言當安遠乃能安近厚行德信使足長善 惇音敦 長丁丈反下同 而難任人蠻夷率服 任佞難拒也佞人斥遠之則忠信昭於四夷皆相率而來服 難乃旦反 任音壬又而鴆反

舜曰咨四岳有能奮庸熙帝之載 奮起庸功載事也訪群臣有能起發其功廣堯之事者 使宅百揆亮采惠疇 亮信惠順也求其人言舜曰以別堯 奮弗運反 使居百揆之官信立其功順其事者誰乎 僉曰伯禹作司空 四岳同辭而對禹代鯀為崇伯入為天子司空治洪水有成功言可用之 帝曰俞咨禹汝平水土惟時懋哉 然其所舉稱禹前功以命之懋勉也惟居是百揆勉之行之 俞以朱反 懋音茂王云勉也馬云美也 禹拜稽首讓

于稷契暨皋陶稷官名棄也契皋陶二臣名稽首首至地臣之禮稽音啟契息列反陶音遙
帝曰俞汝往哉然其所推之賢不許其讓敕使往宅百揆帝曰棄黎民阻
飢汝后稷播時百穀阻難播布也衆人之難在於飢汝后稷布種是百穀以濟之美其前功以
勉之阻莊呂反王云難也播波左反帝曰契百姓不親五品不遜五品謂五常遜順也
汝作司徒敬敷五教在寬布五常之教務在寬所以得人心亦美其前功帝曰
皋陶蠻夷猾夏寇賊姦宄猾亂也夏華夏群行攻劫曰寇殺人曰賊在外曰姦在內
曰宄言無教所致猾戶八反寇苦豆反宄音軌汝作士五刑有服士理官也五刑墨劓剕宮大辟服從
也言得輕重之中正劓魚器反截鼻也剕扶味反刖足也大辟婢亦反死刑也五服三就既從五刑謂服罪也行刑當
就三處大罪於原野大夫於朝士於市處昌慮反朝直遙反五流有宅五宅三居謂不忍加刑則流放
之若四凶者五刑之流各有所居五居之差有三等之居大罪四裔次九州之外次千里之外惟明克允

皋陶能明信五刑施之遠近蠻夷猾夏使咸信服无敢犯者因禹讓三臣故歷述之 帝曰疇若予工 僉曰垂哉 問誰能順我百工事者朝臣舉垂垂臣名 垂如字徐音睡 帝曰俞咨垂汝共工 共謂供其職事 共音恭 垂拜稽首讓于殳斨暨伯與 殳斨伯與二臣名 斨七良反 與音餘 帝曰俞往哉汝諧 汝能諧和此官 帝曰疇若予上下草木鳥獸僉曰益哉 上謂山下謂澤順謂施其政教取之有時用之有節言伯益能之 益皋陶子也 帝曰俞咨益汝作朕虞 虞掌山澤之官 益拜稽首讓于朱虎熊羆帝曰俞往哉汝諧 朱虎熊羆二臣名垂共之所讓四人皆元凱之中 羆彼皮反 帝曰咨四岳有能典朕三禮僉曰伯夷 三礼天地人之礼伯夷臣名姜姓 帝曰俞咨伯汝作秩宗 秩序宗尊也主郊廟之官 夙夜惟寅直哉惟清 夙早也言早夜敬思其職典禮施政[illegible]汝正直而清明 寅如字[illegible] 伯拜稽

首讓于夔龍（夔龍二臣名）［俞］求龜反　帝曰俞往欽哉（然其所推之賢不許讓）帝

曰夔命汝典樂教胄子（胄長也謂元子以下至卿大夫子弟以歌詩蹈之舞之教長国子中和祇庸孝友）［胄］直又反王云胄子国子也馬云胄長也教長天下之子弟　直而溫寬而栗（教之正直而溫和寬弘而能莊栗）［栗］戰栗也

剛而無虐簡而無傲（剛失之虐簡失之傲教之以防其失）

詩言志歌永言（謂詩言志以導之歌詠其義以長其言）［永］徐音詠又如字　聲依永

律和聲（聲謂五聲宮商角徵羽律謂六律六呂十二月之音氣言當依聲律以和樂）八音克諧

無相奪倫神人以和（倫理也八音能諧理不錯奪則神人咸和命夔使勉之）夔曰

於予擊石拊石百獸率舞（石磬也磬音之清者拊亦擊也舉清者和則其餘皆從矣樂感百獸使相率而舞則神人和可知）［於］於予或音烏而絕句者非　［拊］音撫徐音府

帝曰龍朕堲讒說殄行震驚朕師（堲疾殄絕震動也言我疾讒說絕君子之行而動驚我衆欲遏絕之）［堲］徐在力反　［讒］

四二

韻䏝咸二又說如字治同徐失銳反□切韻徒典反行下孟反注同命汝作納言夙夜出納朕命惟允納言喉舌之官聽下言納於上受上言宣於下必以信喉音侯帝曰咨汝二十有二人禹垂益伯夷夔龍六人新命有職四岳十二牧凡二十二人特勑命之欽哉惟時亮天功各敬其職惟是乃能信立天下之功三載考績三考黜陟幽明三年有成故以考功九歲則能否幽明有別黜退其幽者升進其明者黜丑律反庶績咸熙分北三苗考績法明衆功皆廣三苗幽闇君臣善否分北流之不令相從善惡明北如字又音佩令力呈反舜生三十徵庸言其始見試用三十在位歷試二年攝位二十八年五十載陟方乃死方道也舜即位五十年升道南方巡守死於蒼梧之野而葬焉三十徵庸三十在位服喪三年其一在三十之數為天子五十年凡壽百一十二歲帝釐下土方設居方言舜理四方諸侯各設其官居其方釐力之反馬云賜也理也下土絕句一讀至方字絕句別生分類生姓也別其姓族分其類使相從別彼列反分方云反又徐扶問反

作汩作汩治作興也言其治民之功興故爲汩作之篇亡汩音骨九共九篇槀飫槀勞飫賜

也凡十一篇皆亡共音恭王巳勇反注止馬同槀苦報反飫於庶反槀飫亦書篇名也汩作等十一篇同此序其文皆亡而序與百

篇之序同編故存今馬鄭之徒百篇之序摠爲一卷孔以各冠其篇首而亡篇之序即隨其次第皃見存者之間衆家經文並盡此

唯王注本下更有汩作九共故逸故亦作古

尚書卷第一

尚書卷第二

大禹謨第三　虞書　孔氏傳

臯陶矢厥謨［矢陳也臯音高陶音遥］禹成厥功［陳其成功］帝舜申之［申重也重美二子之言重直用反］作大禹臯陶謨［大禹謀九功臯陶謀九德］益稷［凡三篇］

大禹謨［禹稱大夫其功謨謀也］曰若稽古大禹［順考古道而言之］曰文命敷于四海祗承于帝［言其外布文德教命內則敬承堯舜文命孔云文德教命也先儒云文命禹名］曰后克艱厥后臣克艱厥臣政乃乂黎民敏德［敏疾也能知爲君難爲臣不易則其政治而衆民皆疾修德易以豉反治直吏反］帝曰俞允若兹嘉言罔攸伏野無遺賢萬邦咸寧［攸所也善言无所伏言必用如此則賢才在位天下安俞羊朱反攸音由徐以帚反］稽于衆舍己從人不虐無告

不廢困窮惟帝時克帝謂堯也舜因嘉言無伏遂稱堯德以成其義考衆從人矜孤愍窮凡人所輕聖人所重舍音捨告故毒反矜居陵反益曰都帝德廣運乃聖乃神乃武乃文益因舜言又美堯也廣謂所覆者大運謂所及者遠聖无所不通神妙無方文經天地武定禍亂皇天眷命奄有四海爲天下君眷視奄同也言堯有此德故爲天所命所以勉舜也眷居倦反奄於檢反禹曰惠迪吉從逆凶惟影響迪道也順道吉從逆凶吉凶之報若景之隨形響之應声言不虛迪徒歷反響許丈反益曰吁戒哉儆戒無虞罔失法度先吁後戒欲使聽者精其言虞度也無億度謂無形戒於無形備慎深秉法守度言有恒□□俱反度徒□反虞度徒洛反罔遊于逸罔淫于樂淫過也游逸過樂敗德之原富貴所忽故特以爲戒樂音洛任賢勿貳去邪勿疑疑謀勿成百志惟熙一意任賢果於去邪疑則勿行道義所存於心日以廣去起呂反熙火其反罔違道以干百姓之

譽干求也失道求名古人賤之罔咈百姓以從己之欲咈戾也專欲難成犯衆興禍故戒之咈扶弗反戾連弟反無怠無荒四夷來王言天子常戒慎無怠惰荒廢則四夷歸往之怠音待惰徒卧反禹曰於於音烏帝念哉德惟善政政在養民歎而言念重其言爲政以德則民懷之水火金木土穀惟修言養民之本在先修六府正德利用厚生惟和正德以率下利用以阜財厚生以養民三者和所謂善政九功惟敘九敘惟歌言六府三事之功有次序皆可歌樂乃德政之致樂音洛戒之用休董之用威勸之以九歌俾勿壞休美董督也言善政之道美以戒之威以督之歌以勸之使政勿壞在此三者而已俾必尔反壞乎怪反帝曰俞地平天成六府三事允治萬世永賴時乃功水土治曰平五行敘曰成因禹陳九功而歎美之言是汝之功明衆臣不及帝曰格汝禹朕宅帝位三十有三載耄期倦于

勤汝惟不怠揔朕師八十九十曰耄百年曰期頤言已年老厭倦萬機汝不懈怠於位稱揔我衆欲使攝格庚白反朕直錦反耄莫報反倦其卷反頤以之反厭於豔反解工賣反禹曰朕德罔克民不依皐陶邁種德德乃降黎民懷之邁行種布降下懷歸也言己無德民所不能依皐陶布行其德下洽於民民歸服之種章用反降江巷反帝念哉念茲在茲釋茲在茲茲此釋廢也念此人在此功廢此人在此罪言不可誣名言茲在茲允出茲在茲惟帝念功名言此事必在此義信出此心亦在此義言皐陶之德以義為主所宜念之帝曰皐陶惟茲臣庶罔或干予正干犯也無有干我正言順命汝作士明于五刑以弼五教期于予治弼輔期當也歎其能以刑輔教當於治體當丁浪反[illegible]又如字刑期于無刑民協于中時乃功懋哉雖或行刑以殺止殺終無犯者刑期於無所刑民皆合於大中[illegible]是汝之功勉之懋音茂皐陶曰帝德罔愆

臨下以簡御衆以寬愆之言過也若□則歸君人臣之□罰弗及嗣賞

延于世嗣亦世俱謂子延及也父子罪不相及而及其賞道德之政宥過無大刑故無

小過誤所犯雖大必宥不忌故犯雖小必刑宥音又罪疑惟輕功疑惟重刑疑附輕賞疑從重

忠厚之至與其殺不辜寧失不經好生之德洽于民

心茲用不犯于有司辜罪經常司主也皋陶因帝勉己遂稱帝之德所以明民不犯上也寧失不常之罪不枉不辜之善仁愛之道辜音孤好呼報反帝曰俾予從欲以治四方

風動惟乃之休使我從心所欲而政以治民動順上命若草應風是汝能明刑之美也帝曰

來禹降水儆予成允成功惟汝賢水性流下故曰下水儆戒也能成聲教之信成治水之功言禹最賢重美之儆居領反重直用反克勤于邦克儉于家不自

滿假惟汝賢滿謂盈實假大也言禹惡衣薄食卑其宮室而盡力為民執心謙沖不自盈大假古雅反盡津

忍反 ○爲于僞反 汝惟不矜天下莫與汝爭能汝惟不伐天下莫與汝爭功 自賢曰矜自功曰伐言禹推善讓人而不失其能不有其勞而不失其功所以能絕衆人 予懋乃德嘉乃丕績天之曆數在汝躬汝終陟元后 丕大也曆數謂天道元大也大君天子舜善禹有治水之大功言天道在汝身汝終當升爲天子 ○丕普悲反 人心惟危道心惟微惟精惟一允執厥中 危則難安微則難明故戒以精一信執其中 無稽之言勿聽弗詢之謀勿庸 無考無信驗不詢專獨終必無成故戒勿聽用 ○聽徐天定反 可愛非君可畏非民衆非元后何戴后非衆罔與守邦 民以君爲命故可愛君失道民叛之故可畏 言衆戴君以自存君恃衆以守國相須而立 欽哉慎乃有位敬修其可願四海困窮天祿永終 有位天子位可願謂道德之美困窮謂天民之窮者 言爲天子勤此三者則天之祿籍長終汝身 惟口出好

興戎朕言不再好謂賞善戎謂伐惡言口榮辱之主慮而宣之成於一也出如字又尺遂反好如字徐許

到反禹曰枚卜功臣惟吉之從枚謂歷卜之而從其吉此禹讓之志枚音梅帝曰

禹官占惟先蔽志昆命于元龜帝王立卜筮之官故曰官占蔽斷昆後也官占

之法先斷人志後命於元龜言志定然後卜蔽必世反徐甫世反斷丁亂反朕志先定詢謀僉

同鬼神其依龜筮協從卜不習吉習因也言己謀之於心謀及卜筮四者合

從卜不因吉無所枚卜僉七潛反禹拜稽首固辭再辭曰固帝曰毋惟汝

諧言毋所以禁其辭禹有大功德故能諧和元后之任禁今鴆反又音金正月朔旦受命于

神宗受舜終事之命神宗文祖之宗廟言神尊之正[illegible]政音征率百官若帝之初順舜

初攝帝位故事奉行之帝曰咨禹惟時有苗弗率汝徂征三苗之民

數干王誅率循徂往也不循帝道言亂逆命禹討之數音朔禹乃會羣后誓于師曰濟

濟有衆咸聽朕命會諸侯共伐有苗軍旅曰誓濟濟衆盛之貌濟子禮反蠢茲有
苗昏迷不恭蠢動昏闇也言其所以宜討之蠢春允反侮慢自賢反道敗德狎侮先王輕慢典教反正道敗德義侮亡甫反慢亡諫反
君子在野小人在位廢仁賢任姦佞民
棄不保天降之咎言民叛天災之咎其九反肆予以爾衆士奉辭
罰罪肆故也辭謂不恭罰謂侮慢以下事爾尚一乃心力其克有勳尚庶
幾一汝心力以從我命三旬苗民逆命旬十日也以師臨之一月不服責舜不先有文誥之命威
讓之辭而便禪之以威脅之以兵所以生亂誥古報反禪徒旦反乃末反脅許業反益贊于禹曰惟
德動天無遠弗屆贊佐屆至也益以此義佐禹欲其修德致遠屆音戒滿招損謙
受益時乃天道自滿者人損之自謙者人益之是天之常道帝初于歷山往
于田日號泣于旻天于父母仁覆愍下謂之旻天言舜初耕于歷山之時為父母所疾

日號泣于旻天，及父母，克己自責，不責於人。〔田〕本或作畋。〔號〕戶高反。〔旻〕武巾反。負罪引慝，祗載見瞽瞍，夔夔齋慄，瞽亦允若。慝，惡也。載，事也。夔夔，悚懼之貌。言舜負罪引惡，敬以事見于父，悚懼齋莊，父亦信順之，言能以至誠感頑父。〔慝〕他則反。〔見〕賢遍反。〔瞽〕音古。〔瞍〕素后反。〔夔〕求龜反。〔齋〕側皆反。至諴感神，矧茲有苗。諴，和。□況也。至和感神，況有苗乎？言易感。〔諴〕音咸。〔矧〕失忍反。〔易〕以豉反。禹拜昌言曰：「俞！」昌，當也。以益言為當，故拜受而然之。遂還師。兵入曰振旅。言整眾。〔當〕丁浪反，下同。〔還〕經□□皆云音旋。班師振旅。帝乃誕敷文德，遠人不服，大布文德以來之。〔誕〕音但。舞干羽于兩階。干，楯；羽，翳也。皆舞者所執。修闡文教，舞文舞于賓主階間，抑武事。〔階〕徐音皆。〔楯〕食允反。〔翳〕於計反。〔闡〕尺善反。七旬有苗格。討而不服，不討自來，明御之者必有道。三苗之國，左洞庭，右彭蠡，在荒服之外，去京師二千五百里。〔洞〕徒弄反。〔蠡〕音禮。

皋陶謨第四

虞書　　孔氏傳

皋陶謨謨，謀也。皋陶為帝舜謀。〔為〕于偽反。曰若稽古皋陶，亦順考古道以言之。夫典謨，聖

言爲所以立治之本皆師法古道以不易之則【夫】音扶【治】直吏反下同

曰允迪厥德謨明弼諧

迪蹈厥其也其古人也言人君當信蹈行古人之德謀廣聰明以輔諧其政【蹈】徒報反

禹曰俞如何

然其言問所以行

皋陶曰都慎厥身修

絕句

思永

歎美之重也慎修其身思爲長久之道

惇叙九族庶明勵翼邇可遠在茲

言慎修其身厚次叙九族則衆庶皆明其教而自勉勵翼戴上命近可推而遠者在此道【惇】切韻都昆反

禹拜昌言曰俞

以皋陶言爲當故拜受而然之【當】丁浪反下同

皋陶曰都在知人在安民

歎修身親親之道在知人所信任在能安民

禹曰吁咸若時惟帝其難之

言帝堯亦以知人安民爲難故曰吁

知人則哲能官人安民則惠黎民懷之

哲智也無所不知故能官人惠愛也愛則民歸之

能哲而惠何憂乎驩兜

佞人亂真堯憂其敗政故流放之

何遷乎有苗何畏乎巧言令色孔壬

孔甚也巧言靜言庸

違令色象恭滔天禹言有苗驩兜之徒甚佞如此堯畏其亂故遷放之皋陶曰都亦行有九德言人性行有九德以考察眞僞則可知行下孟反往往行正直之行同亦言其人有德乃言曰載采采載行采事也稱其人有德必言其所行某事某事以爲驗禹曰何問九德品例皋陶曰寬而栗性寬弘而能莊栗柔而立和柔而能立事愿而恭愨愿而恭恪愿音願愨切韻苦角反恪苦各反亂而敬亂治也有治而能謹敬擾而毅擾順也致果爲毅擾而小反徐音柔毅五既反直而溫行正直而氣溫和簡而廉性簡大而有廉隅剛而塞剛斷而實塞斷丁亂反彊而義無所屈撓動必合義撓女孝反彰厥有常吉哉彰明吉善也明九德之常以擇人而官之則政之善日宣三德夙夜浚明有家三德九德之中有其三宣布夙早浚須也卿大夫稱家言能日日布行三德早夜思之須明行之可以爲卿大夫浚息俊反馬云大也日嚴敬六德亮采有邦有國諸侯日日嚴敬其身敬行六德以信治政事則可以爲諸侯嚴如字

傳魚以翕受敷施九德咸事俊乂在官翕合也能合受三六之德而用之以布施政教使九德之人皆用事謂天子如此則俊德治能之士並在官翕許及反俊乂馬曰千人曰俊百人曰乂百僚師師百工惟時僚工皆官也師師相師法百官皆是言政无非僚本又作寮撫于五辰庶績其凝凝成也言百官皆撫順五行之時衆功皆成撫方武反凝魚陵反馬云定也無教逸欲有邦不為逸豫貪欲之教是有國者之常兢兢業業一日二日萬幾兢兢戒慎業業危懼幾微也言當戒懼万事之微兢居陵反業如字徐五荅反幾徐音機無曠庶官天工人其代之曠空也位非其人為空官言人代天理官不可以天官私非其才天叙有典勑我五典五惇哉天次叙人之常性各有分義當勑正我五常之教使合于五厚厚天下惇典馬本作五典分扶問反天秩有禮自我五禮有庸哉庸常自用也天次秩有禮當用我公侯伯子男五等之禮以接之使有常庸馬本作五庸同寅協恭和衷哉衷善也以三禮正諸侯使

同敬合恭而和善【衷】音中天命有德五服五章哉五服天子諸侯卿大夫士之服也尊卑彩章各異所以命有德天討有罪五刑五用哉言天以五刑討有罪用五刑宜必當政事懋哉懋哉言叙典秩禮命德討罪無非天意者故人君居天官聽政治事不可以不自勉天聰明自我民聰明言天因民而降之福民所歸者天命之天視聽人君之行用民爲聰明天明畏自我民明威天明可畏亦用民成其威民所叛者天討之是天明可畏之効【畏】如字又音威馬本作威達于上下敬哉有土言天所賞罰惟善惡所在不避貴賤有土之君不可不敬懼皋陶曰朕言惠可底行其所陳九德以下之言順於古道可致行禹曰俞乃言底可績然其所陳從而美之曰用汝言可以立功皋陶曰予未有知思曰贊贊襄哉言我未有所知未能思致於善徒亦贊奏上古行事而言之因禹美之承以謙辭言之序【知】如字徐音智思如字徐音息吏反【贊】子旦反【襄】息羊反上也馬云因也安也【廣】雅作【𢷎】因也如羊反

益稷第五　　虞書　　孔氏傳

益稷禹稱其人因以名篇帝曰來禹汝亦昌言因皋陶謨九德故呼禹使亦陳昌言

當丁浪反本或作讜讜當蕩反李登聲類云讜言善言也禹拜曰都帝予何言予思

曰孜孜拜而歎辭不言欲使帝重皋陶所陳言已思曰孜孜不怠奉承臣功而已思徐如字又息吏反孜音茲皋

陶曰吁如何問所以孜孜之事禹曰洪水滔天浩浩懷山襄

陵下民昏墊言天下民昏瞀墊溺皆困水災滔吐老反墊丁念反瞀音務一音茂本或作務溺乃歷反

予乘四載隨山刊木所載者四謂水乘舟陸乘車泥乘輴山乘樏隨行九州之山林刊槎其木

開通道路以治水也乘音繩刊苦安反輴丑倫反漢書音作橇如淳蕝以板置泥上服虔云木橇形如木箕擿行泥上尸子云澤行

乘蕝蕝音子絕反樏力追反史記作橋徐音丘遙反漢書音作梮九足反行下孟反槎士雅反下同說文云衺斫又莊下反暨

益奏庶鮮食奏謂進於民鳥獸新殺曰鮮與益槎木獲鳥獸民以進食暨其器反鮮徐音仙馬云鮮生也

予決九川距四海濬畎澮距川距至也決九州名川通之至於海一畝之間廣尺深尺
曰畎方百里之間廣二尋深二仞曰澮濬畎澮深之至川暨稷播奏
亦入海畎工犬反澮故外反廣光浪反深尸鴆反皀亍
庶艱食鮮食艱難也衆難得食處則與稷教民播種之決川有魚鱉使民鮮食之艱工閑反馬本作根云根
生之食謂百穀處
昌慮反鱉必滅反懋遷有無化居化易也居謂所宜居積者勉勸天下徙有之无
魚鹽徙山林木徙川澤交易
其所居積懋音茂鹽余廉反烝民乃粒萬邦作乂米食曰粒言天下由
此爲治本烝之承反粒
音立治直吏反下同臯陶曰俞師汝昌言禹功甚當可師法當丁
浪反禹曰都帝慎乃在位帝曰俞然禹言受其戒禹曰
汝止惟幾惟康其弼直言慎在位當安好惡所止念慮幾微以保其安其輔臣必用直人
好惡上呼報反下烏路反又並如字惟動丕應徯志徯待也帝先安所止動則天下大應之顧命以待帝
志應應對之徯胡啓反以昭受上帝天其申命用休昭明非但人應之又乃

明又天下報施□重命用美[施]如字或反[重]直用反 帝曰吁臣哉鄰哉鄰哉臣哉

禹曰俞 鄰近也言君臣道近相須而成 帝曰臣作朕股肱耳目 言大體若身也

音古[肱]古弘反 予欲左右有民汝翼 左右助也助我所有之民富而教之汝翼成我

欲宣力四方汝爲 布力立治之功汝群臣當爲之 予欲觀古人之象

欲觀示法象之服制[觀]舊音官又官喚反 日月星辰山龍華蟲 日月星爲三辰華象草華蟲雉

也畫三辰山龍華蟲於衣服旌旗[畫]直弓反 作會宗彝 會五采也以五采成此畫焉宗廟彝樽亦以山龍華

蟲爲飾[會]胡對反馬鄭作繪[彝]音夷馬同鄭云宗彝虎也 藻火粉米黼黻絺繡 藻水草有文者

火爲火字粉若粟冰米若聚米黼若斧形黻爲兩己相背葛之精者曰絺五色備曰繡[藻]音早本又作藻粉米說文作黺䊖徐奈作

[illegible]米[黼]音甫白與黑謂之黼[黻]音弗黑與青謂之黻[絺]徐勑私反又勑其反馬同鄭陟里反刺也[繡]音秀[背]音佩 以五

采彰施于五色作服汝明 天子服日月而下諸侯自龍袞而下至黼黻士服藻火大夫加

米上得兼下下不得僭上以五采明施于五色尊卑之服汝明制之衮工本反僭子念反予欲聞六律五聲八音在治忽以出納五言汝聽言欲以六律和聲音在察天下治理及忽怠者又以出納仁義禮智信五德之言施于民以成化汝當聽審之出如字又尺遂反注同納如字又音內予違汝弼汝無面從退有後言我違道汝當以義輔正我無得面從我違而退後有言我不可弼欽四鄰庶頑讒說若不在時四近前後左右之臣勑使敬其職衆頑愚讒說之人若所行不在於是而為非者當察之侯以明之撻以記之當行射侯之禮以明善惡之教笞撻不是者使記識其過撻他末反又他達反笞勑疑反書用識哉欲並生哉書識其非欲使改悔與共並生工以納言時而颺之工樂官掌誦詩以納諫當是正其義而颺道之颺音揚格則承之庸之否則威之天下人能至于道則承用之任以官不從教則以刑威之否方有反徐音鄙[illegible]禹曰俞哉帝光天之下至于海隅蒼生蒼生

光天之下至于海隅蒼蒼然草木言所及廣遠 萬邦黎獻共惟帝臣惟帝時舉敷納以言明庶以功車服以庸獻賢也萬國衆賢共為帝臣帝舉是而用之使陳布其言明之皆以功大小為差以車服旌其能用之 誰敢不讓敢不敬應上任賢是用下皆敬應上命而讓善〔應〕應對之應 帝不時敷同日奏罔功帝用臣不是則遠近布同而日進於无功以賢愚並位優劣共流故 無若丹朱傲惟慢遊是好丹朱堯子舉以戒之〔傲〕五報反字又作奡〔好〕呼報反 傲虐是作罔晝夜頟頟傲戲而為虐无晝夜常頟頟肆惡无休息〔傲〕五羔反徐五報反注同〔頟〕五客反 罔水行舟朋淫于家用殄厥世朋群也丹朱習於无水陸地行舟言无度群淫於家妻妾亂用是絕其世不得嗣〔殄〕徒現反 予創若時娶于塗山辛壬癸甲創懲也塗山國名懲丹朱之惡辛日娶妻至于甲日復往治水不以私害公〔娶〕促住反〔復〕扶又反 啓呱呱而泣予弗子惟荒度土功啓禹子也禹治水過門不入聞啓泣

其不暇子名之以大治度水土之功故呱音孤【子】如字鄭將吏反【度】徒洛反弼成五服至于五
千州十有二師五服侯甸綏要荒服也服五百里四方相距爲方五千里治洪水輔成之一州用三万人
功九州二十七万庸也【至于】五千馬云面五千里爲方万里鄭云五服已五千又弼成爲万里州十有二師二千五百人爲師鄭云
師長也【要】一遇反外薄四海咸建五長薄迫也言至海諸侯五国立賢者一人爲方伯謂之五長
以相統治以獎帝室【薄】蒲各反徐扶各反【長】丁丈反五長衆官之長各迪有功苗頑弗即工
帝其念哉九州五長各蹈爲有功唯三苗頑凶不得就官善惡分別【別】彼列反帝曰迪朕德
時乃功惟叙言天下蹈行我德是汝治水之功有次序敢不念乎皋陶方祗厥叙
方施象刑惟明方四方禹五服既成故皋陶敬行其九德績之次序於四方又施其法刑皆明白史因
禹功重美之【重】直用反夔曰戛擊鳴球搏拊琴瑟以詠祖考來
格戛擊柷敔所以作止樂搏拊以韋爲之實之以糠所以節樂球磬舜廟堂樂民悦其化神歆其祀礼備樂和故以祖考

明之【戛】求龜反□居八反徐古八反馬云櫟也【球】音求【搏】音博【拊】音撫【柷】尺叔反所以作樂【敔】魚呂反所以止樂【□】音康【歆】許金反

虞賓在位群后德讓丹朱為王者後故稱賓言與諸侯助祭班爵同推先有德下管鼗鼓合止柷敔堂下樂也上下合止樂各有柷敔□□弦鍾籥各自互見【鼗】音桃【合】如字又公音閤【籥】余若反【互】音浮【見】賢遍反下見細器同笙鏞以間鳥獸蹌蹌鏞大鍾間迭也以笙擊鍾鳥獸化德相率而舞蹌蹌然【鏞】音庸【間】間廁之間鳥獸孔以為自舞也馬云鳥獸筍簴也【蹌】七羊反舞貌說文作牄云鳥獸來食聲【迭】直結反簫韶九成鳳皇來儀韶舜樂名言簫見細器之備雄曰鳳雌曰皇靈鳥也儀有容儀備樂九奏而致鳳皇則餘鳥獸不待九而率舞【韶】時昭反夔曰於予擊石拊石百獸率舞庶尹允諧尹正也眾正官之長信皆和諧言神人治始於任賢立政以禮治成以樂所以太平【□□】並如字帝庸作歌曰勑天之命惟時惟幾用庶尹允諧之政故作歌以戒安不忘危勑正也奉正天命以臨民惟在順時惟在慎微乃歌曰股肱喜哉元首起

哉百工熙哉元首君也股肱之臣喜樂盡忠君之治功乃成百官之業乃廣○熙許其反盡津忍反皐

陶拜手稽首颺言曰念哉太言而疾曰颺承歌以戒帝○颺音揚率作興事

慎乃憲欽哉憲法也天子率臣下爲起治之事當慎汝法度敬其職屢省乃成欽

哉屢數也當數顧省汝成功敬終以善無懈怠○屢力具反省悉井反數色角反懈佳賣反乃賡載歌

曰元首明哉股肱良哉庶事康哉賡續載成也帝歌歸美股肱義未足故續歌先君後臣衆事乃安以成其義○賡加孟反劉皆行反說文以爲古續字又歌曰元首叢脞

哉股肱惰哉萬事墮哉叢脞細碎無大略君如此則臣懈惰萬事墮廢其功不成歌以申戒○叢才公反脞倉果反徐音鎖馬云叢揔也脞小也惰徒卧反墮許規反帝拜曰俞往欽哉

拜受其歌戒群臣自今以往敬其職事哉

尚書卷第二

尚書卷第三

禹貢第一　夏書　孔氏傳

禹別九州分其圻界別彼列反九州周公職録云黃帝受命風后受圖割地布九州鄒子云中国爲赤縣赤縣内有九州春秋說題辭云州之言殊也圻其依反隨山濬川刊其木深其流濬思俊反刊苦寒反[illegible]任土作貢任其土地所有定其貢賦之差此堯時事而在夏書之首禹之王以是功任而鴆反貢字或作贛[illegible]沉反禹貢禹制九州貢法禹敷土隨山刊木洪水汎溢禹分布治九州之土隨行山林斬木通道敷芳無反馬云分也汎敷劍反行下孟反奠高山大川奠定也高山五嶽大川四瀆定其差秩祀禮所視奠田遍反瀆音獨下同

冀州既載堯所都也先施貢賦役載於書冀[illegible]又州九州名義見爾雅音載如字載[illegible]也馬同鄭韋昭云載事也壺口治梁及岐壺口在冀州梁岐在雍州從東循山治水而西壺音胡馬云壺口山名治如字岐其宜反雍於用反後州名皆放此既修太原至于岳陽高平曰太原今以爲郡名岳太

岳在太原西南山南曰陽 岳字又作嶽 太岳山名陽山南曰陽水北亦曰陽 **覃懷厎績至于衡**

漳 覃懷近河地名漳水橫流入河從覃懷致功至橫漳 覃徒南反 厎之履反 衡如字橫也馬云水名 漳音章 近附近之近

厥土惟白壤 无塊曰壤水去土復其性色白而壤 壤[illegible] 若丈反馬云天性和美也 塊苦[illegible]反 **厥賦**

惟上上錯 賦謂上地所生以供天子上上第一錯雜出第二之賦 上如字 賦第一 錯倉各反 馬云[illegible]有上下相錯 通率第一 供音恭 **厥田惟中中** 田之高下肥瘠九州之中爲第五 中丁仲反又如字[illegible]中馬云土地有高下 肥符非反 瘠在亦反 **恒衛既從大陸既作** 二水已治從其故道入陸之地已可耕作 從才容反

島夷皮服 海曲謂之島居島之夷還服其皮明水害除 島當老反馬云島夷北夷國 **夾右碣石**

入于河 碣石海畔山禹夾行此山之右而入河逆上此州帝都一說境界以餘州所至則可知先賦後田亦殊於餘州 不言貢篚亦差於餘州 夾音協下同帶也 碣[illegible] 其列反[illegible]昭其斷逝反 上時掌反 篚乃尾反 [illegible]**兗州** 東南

據濟西北距河 濟子[illegible] 兗以下同 兗悅轉反 **九河既道** 河水分爲九道在此州界[illegible] 以北是 九[illegible] 駭一太[illegible]二[illegible]

頰三覆釜四胡蘇五簡六絜七鉤盤八鬲津九出爾雅

雷夏既澤灉沮會同雷夏澤名灉沮二水會同此澤【灉】徐音邕王於用反【沮】七餘反

桑土既蠶是降丘宅土高曰丘上水民下丘居平土就桑蠶【蠶】在南反

厥土黑墳色黑而墳起【墳】扶粉反後同韋昭音勃憤反起也馬云有膏肥也

厥草惟繇厥木惟條繇茂條長也【繇】音遥馬云抽也

厥田惟中下田第六厥賦貞貞正也州第九賦正與九相當

作十有三載乃同治水十三年乃有賦法與他州同【載】馬鄭本作年

厥貢漆絲厥篚織文地宜漆林又宜桑蠶織文錦綺之屬盛之筐篚而貢焉【漆】音七【盛】音成

浮于濟漯達于河順流曰浮濟漯兩水名因水入水曰達【漯】天苔反篇韻作他合反

海岱惟青州東北據海西南距岱【岱】音代泰山也

嵎夷既略濰淄其道嵎夷地名用功少曰略濰淄二水復其故道【嵎】音隅【濰】音惟本亦作惟又作維【淄】側其反

厥土白墳海濱廣斥濱涯也言復其斥鹵【濱】必人反【斥】徐音尺說文云東方謂之斥西方謂之鹵鄭云斥謂地鹹鹵【潟】息[illegible]反

厥田惟上下厥賦中上田第三賦第四

厥貢鹽絺海物

惟絺細葛錯雜非一種【鹽】餘[illegible]占反【絺】勑其反【種】章勇反岱畎絲枲鈆松怪石畎谷也怪異好石似玉者岱山之谷出此五物皆貢之【畎】工犬反徐本作弥畎谷【枲】思似反【鈆】寅專反字從㕣㕣音以選反怪如字怪石礛砆之屬萊夷作牧萊夷地名可以放牧【萊】音來【牧】牧養之牧徐音目一音茂注同厥篚檿絲檿桑蠶絲中琴瑟絃【檿】烏簟反山桑也浮于汶達于濟海岱及淮惟徐州東至海北至岱南及淮【汶】音問淮沂其乂蒙羽其藝二水已治二山已可種藝【沂】魚依反水名【藝】魚世反大野既豬東原厎平大野澤名水所停曰豬東原致功而平言可耕【豬】張魚反馬云水所停止深者曰豬劉東胡反厥土赤埴墳草木漸包土黏曰埴漸進長包叢生【埴】市力反鄭作戠徐鄭王皆讀曰熾韋昭音試漸如字本又作蔪字林才冉反草之相包裹也【包】必茅反字或作苞非叢生也馬云相包裹也【黏】女占反【長】丁丈反【叢】才公反厥田惟上中厥賦中中田第二賦第五厥貢惟土五色王者封五色土為社建諸侯則各割其方色土與之使立社燾以黃土苴以白茅茅取其絜黃取王者覆

□□方纛徒報反覆也首字飾又包裹也羽畎夏翟嶧陽孤桐夏翟翟雉名羽中旌旄羽山之谷有
之孤特也嶧山之陽特生桐中琴瑟夏行雅反翟徒歷反嶧音亦一□夕泗濱浮磬□□淮夷蠙珠
暨魚泗水涯水中見石可以為磬蠙珠珠名淮夷二水出蠙珠及美魚泗音四水名淮夷鄭云淮水之夷民也馬云淮夷
二水名孔傳云淮夷之水本亦有作淮夷二水也蠙蒲邊反徐扶堅反字又作蚍韋昭薄迷反蚌也暨其器反見賢遍反厥
篚玄纖縞玄黑繒縞白繒纖細也纖在中明二物皆當貢細纖息廉反縞古老反徐古到反繒似陵反浮于
淮泗達于河河如字說文作菏工可反去水出山陽湖陵南淮海惟揚州北據淮南距海
彭蠡既豬陽鳥攸居彭蠡澤名隨陽之鳥鴻鴈之屬冬月所居於此澤蠡音礼張勃吳録云今
名洞庭湖案今在九江郡界三江既入震澤厎定震澤吳南大湖名言三江已入致定為震
澤三江韋昭云謂吳松江錢塘江浦陽江也吳地記云松江東北行七十里得三江口東北入海為婁江東南入海為東江并松江
為三江震澤□□都大湖厎之履役反又史記云致太湖音太湖篠簜既敷篠竹箭簜大竹水去已布生篠□

反■作簜他莽反又或

厥草惟夭厥木惟喬少長曰夭喬高也於嬌反馬去長也夭喬兵嬌反徐音驕少詩照反長丁丈反

厥土惟塗泥地泉濕厥田惟下下厥賦下上上錯田第九賦第七雜出第六厥貢惟金三品金銀銅也瑤琨篠簜瑤琨皆美玉瑤音遙琨音昆美石也馬本作瓚韋昭音貫齒革羽毛惟木齒象牙革犀皮羽鳥羽毛旄牛尾木楩梓豫章犀細节反旄音毛楩音緶又婢善反島夷卉服南海島夷草服葛越卉徐許貴反厥篚織貝織細紵貝水物厥包橘柚錫貢小曰橘大曰柚其所包裹而致者錫命乃貢言不常橘均必反柚由究反裹音果沿于江海達于淮泗順流而下曰沿江入海自海入淮自淮入泗沿悅專反鄭本作松松當爲沿馬本作均云均平

荊及衡陽惟荊州北據荊山南及衡山之陽江漢朝宗于海二水經此州而入海有似於朝百川以海爲宗宗尊也朝直遙反九江孔殷江於此州界分爲九道甚得地勢之中九江尋陽地記云一曰烏白江二曰蚌江三曰烏江四曰嘉靡江五曰畎江六曰

源江七曰廩江八曰提江九曰箘江張須元緣江圖云一曰三里江二曰五州江三曰嘉靡江四曰烏土江五曰白蚌江六曰烏江七曰箘江八曰沙提江九曰廩江參差隨水長短或百里或五十里始於鄂陵終于江口會于桑落洲太康地記曰九江劉歆以爲湖漢九水入彭蠡澤也

沱潛既道沱江別名潛水名皆復其故道沱徒何反潛捷廉反馬云沱湖也其中泉出而不流者謂之潛

雲土夢作乂雲夢之澤在江南其中有平土丘水去可爲耕作畎畝之治雲徐本作云土弄反一音武仲反徐莫公反治直吏反

厥土惟塗泥厥田惟下中厥賦下上下田第八賦第三人功修

厥貢羽毛齒革惟金三品土所出與揚州同

杶榦栝柏榦柘也柏葉松身曰栝杶勑倫反徐勑荀反木名又作櫄榦本又作幹故旦反栝古活反馬云白栝也柘章夜反

礪砥砮丹砥細於礪皆磨石也砮石中矢鏃丹朱類礪力世反砥音脂徐之履反韋昭音旨砮音奴韋昭乃固反磨末佐反鏃子木反一音七木反

惟箘簵楛三邦厎貢厥名箘簵美竹楛中矢榦三物皆出雲夢之澤近澤三國常致貢之其名天下稱善箘求隕反韋昭一[illegible]簵音路楛音戶馬云木名可以爲箭毛詩此云不

疏云共云如荆而亦芸似著近附近之近包橘柚匭菁茅匭匣也菁以爲菹茅以縮酒匭音軌菁子丁反徐音

精馬同鄭云茅有毛刺曰菁茅匭胡甲反又音甲菹切韻側魚反縮所六反厥篚玄纁璣組

此州染玄纁色善故貢之璣珠類生於水組綬類纁許云反璣其依反又音機馬同說文云珠不圜也字書云小珠也玉篇渠依居

沂二反組音祖馬云組文也九江納錫大龜尺二寸曰大龜出於九江水中龜不常用錫命而納之馬

云納入也浮于江沱潛漢逾于洛至于南河逾越也河在冀州南東流

故越洛而至南河江沱潛漢四水名本或作潛于漢非逾羊朱反荆河惟豫州西南至荆山北距河水

伊洛瀍澗既入于河伊出陸渾山洛出上洛山澗出沔池瀍出河南北山四水合流而入河瀍直

然反澗故晏反渾音魂又胡困胡昆二反沔亡淺反又亡忍反下同陸渾沔池二縣屬河南郡滎波既豬滎澤

波水已成遏豬滎戶扃反滎澤也波如字馬本作播滎播澤名遏烏曷反道荷澤被孟豬荷澤在胡

陵孟豬澤名在荷東北水流溢覆被之導音道下同荷徐音柯又士可反注同韋胡阿反被皮寄反徐扶義反注同豬張魚反又音

諸左傳爾雅皆作孟諸宋藪澤也厥土惟壤下土墳壚高者壤下者壚壚疏[壚]音盧說文黑剛土

也厥田惟中上厥賦錯上中田第四賦第二又雜出第一厥貢漆

枲絺紵厥篚纖纊纊細綿[絺]勑其反[紵]直呂反纊音曠[綿]切韻武延反錫貢磬

錯治玉石曰錯錯治磬錯浮于洛達于河華陽黑水惟梁州東據華山之

西距黑水[華]胡化反又胡瓜反岷嶓既藝沱潛既道岷山嶓冢皆山名水去已可種藝沱潛發

源此州入荊州[岷]武巾反[嶓]音波徐甫河反韋音播蔡蒙旅平和夷厎績蔡蒙二山名祭山曰

旅平言治功畢和夷之地致功可藝[旅]如字韋音盧[和]如字又作龢鄭云和讀曰洹[治]直吏反下同厥土青黎

色青黑而沃壤[黎]鄭力兮反徐力私反馬云小疏也厥田惟下上厥賦下中三錯

田第七賦第八雜出第七第九三等厥貢璆鐵銀鏤砮磬璆玉名鏤剛鐵[璆]音虯徐又居

虯反又閭幼反馬同韋昭郭璞云紫笞金案郭亡七爾雅璆即紫磨金[鐵]天結反[鏤]婁豆反熊羆狐貍織皮

貢四獸之皮織金罽熊音雄羆彼宜反如熊而黃貍力疑反罽紀例反西傾因桓是來浮于
潛逾于沔西傾山名桓水自西傾山南行因桓水是來浮于潛漢上曰沔傾窺并反入于渭亂
于河越沔而北入渭浮東渡河而還帝都白所治正絕流曰亂渭音謂黑水西河惟雍州
西距黑水東據河龍門之河在冀州西雍於用反弱水既西導之西流至於合黎涇屬渭汭
屬逮也水北曰汭言治涇水入於渭涇音經屬之蜀反汭本又作內同如銳反馬云入也逮音代漆沮既從
灃水攸同漆沮之水已從入渭灃水所同同之於渭沮七徐反灃芳弓反荊岐既旅已旅祭言
治功畢此荊在岐東非荊州之荊治直吏反終南惇物至于鳥鼠三山名言相望終南山名
漢書地理志一名太一三秦記云又名地肺惇物山名漢書云垂山也原隰厎績至于豬野
下濕曰隰豬野地名言皆致功三危既宅三苗丕敘西裔之山已可居三苗之族大有次敘美
禹之功丕普悲反厥土惟黃壤厥田惟上上厥賦中下田第一賦第六

人功少。厥貢惟球琳琅玕。球琳皆玉名琅玕石而似珠【球】音求【琳】音來金反【琅】音郎【玕】音干山海經云崐崘山有琅玕樹浮于積石至于龍門西河積石山在金城西南河所經也沿河順流而北千里而東千里而南龍門山在河東之西界會于渭汭逆流曰會自渭北涯逆水西上【上】時掌反織皮崐崘析支渠搜西戎即叙織皮毛布有此四國在荒服之外流沙之内羌髳之屬皆就次序美禹之功及戎狄也【崘】魯門反馬云崐崘在臨羌西【析】星歷反馬云析支在河關西【搜】所由反潘音志朔方郡有渠搜縣武紀云北發渠搜界也【髳】音謀又音毛西戎国名導岍及岐至于荊山更理說所治山川首尾所在治山通水故以山名之三山皆在雍州【導】音道從首起也【岍】音牽字又作汧山名一名吴岳馬本作開逾于河此謂梁山龍門西河壺口雷首至于太岳三山在冀州太岳上黨西厎柱析城至于王屋此三山在冀州南河之北東行【厎】之履反【柱】如字韋知父反又知女反厎柱山名在河水中太行恒山至于碣石入于海此二山連延東北接碣石而入滄海百川經此衆山禹[illegible]

治之不可勝名故以山言之戶剛反又如字蒼音倉勝音升行西傾朱圉鳥鼠西傾朱圉在積石以東鳥鼠渭水所出在隴西之西三者雍州之南山傾窺并反圉魚呂反至于太華相首尾而東華如字又胡化反熊耳外方桐柏至于陪尾四山相連東南在豫州界洛經熊耳伊經外方淮出桐柏經陪尾凡此皆先舉所施功之山於上而後條列所治水於下互相備陪音裴陪尾山名漢書作橫尾條列如字本或作別彼列反導嶓冢至于荊山漾水出嶓冢在梁州經荊山荊山在荊州漾羊尚反內方至于大別內方大別二山名在荊州漢所經岷山之陽至于衡山岷山江所出在梁州衡山江所經在荊州過九江至于敷淺原言衡山連延過九江接敷淺原言導從首起言陽從南敷淺原一名博陽山在楊州豫章界導弱水至于合黎合黎水名在流沙東弱本或作溺合如字黎力兮反馬云地名餘波入于流沙弱水餘波西溢入流沙溢音逸導黑水至于三危入于南海黑水自北而南經三危過梁州入南海導河積石至于龍

門施功發於積石至于龍門或鑿山或穿地以通流南至于華陰河自龍門南流至華山北而東行

東至于厎柱厎柱山名河水分流包山而過山見水中若柱然在西虢之界見賢遍反虢寡白反又東

至于孟津孟津地名在洛北都道所湊古今以爲津孟津如字洛北地名湊七豆反東過洛汭至

于大伾洛汭洛入河處山再成曰伾至于大伾而北行伾本或作岯音丕又皮鄙反徐扶眉反又敷眉反韋音嚭郭撫梅反字或作坯

北過降水至于大陸降水水名入河大陸澤名降如字鄭戶江反又北

播爲九河北分爲九河以殺其溢在兗州界殺所界反溢字又作泆溢於賁反同爲逆河入

于海同合爲一大河名逆河而入於渤海皆禹所加功故敘之渤蒲兀反嶓冢導漾東流

爲漢泉始出山爲漾水東南流爲沔水至漢中東行爲漢水又東爲滄浪之水別流

在荊州浪音郎過三澨至于大別三澨水名入漢大別山名澨市制反南入于江

觸山回南入江觸切韻尺玉反東匯澤爲彭蠡匯迴也水東迴爲彭蠡大澤匯徐胡罪反韋空爲反

東爲北江入于海 自彭蠡江分爲三入震澤遂爲北江而入海 岷山導江東別爲沱 江東南流沱東行 沱唐何反 又東至于澧 澧水名 澧音礼 過九江至于東陵 江分爲九道 東陵荆州東陵地名 東迆北會于匯 迆溢也東溢分流都共北會爲彭蠡 迆以爾反 馬云靡也 東爲中江入于海 有北有中南可知 導沇水東流爲濟 泉源爲沇流去爲濟在温西北平地 沇音兗又以轉反 入于河溢爲滎 濟水入河並流十數里而南截河又並流數里溢爲滎澤在敖倉東南 數色主反下同一本作十所 東出于陶丘北 陶丘丘再成 陶音桃 又東至于菏 菏澤之水 又東北會于汶 濟與汶合 又北東入于海 北折而東 折之設反 導淮自桐柏 桐柏山在南陽之東 東會于泗沂東入于海 與泗沂二水合入海 導渭自鳥鼠同穴 鳥鼠共爲雄雌同穴處此山遂名山曰鳥鼠渭水出焉 東會于灃 又東會于涇 灃水自南涇水自北而入 灃音

豐又東過漆沮入于河漆沮二水名亦曰洛水出馮翊北〔翊〕與職反導洛自熊耳在宜陽之西東北會于澗瀍會于河南城南又東會于伊合於洛陽之南又東北入于河合於鞏之東〔鞏〕恭勇反縣名屬河南郡九州攸同所同事在下

四隩既宅四方之宅已可居〔隩〕於六反玉篇於報反九山刊旅九川滌源九澤既陂九州名山已槎木通道而旅祭矣九州之川已滌除泉源無壅塞矣九州之澤已陂障無決溢矣〔滌〕徒歷反〔陂〕彼宜反〔槎〕仕雅反〔障〕章尚反四海會同四海之內會同京師九州同風萬國共一六府孔修水火金木土穀甚修治言政化和〔貫〕工喚反庶土交正厎慎財賦交俱也衆土俱得其正謂壤墳壚致所慎者財貨貢賦言取之有節不過度咸則三壤成賦中邦皆法壤田上中下大較三品成九州之賦明水害除〔較〕音角錫土姓祗台德先不距朕行台我也天子建德因生以賜姓謂有德之人生此地以此地名賜之姓以顯之王者常自以敬我德爲先則天下無距違我行者〔台〕徐音怡〔行〕

下孟反注同五百里甸服規方千里之内謂之甸服爲天子服治田去王城面五百里甸田遍反爲于僞反
百里賦納總甸服内之百里近王城者禾稾曰總入之供飼國馬納如字本又作内音同下如字總音揔
附近之近稾故老反供音恭飼音嗣二百里納銍銍刈謂禾穗銍珍栗反穗亦作穟音遂三百里
納秸服秸稾也服稾役秸本或作稭工八反馬云去其穎音鞂四百里粟五百里
米所納精者少麤者多五百里侯服甸服外之五百里侯候也斥候而服事百里采[illegible]
内之百里供王事而已不主一二百里男邦男任也任王者事任而針反又而鴆反下同三百
里諸侯三百里同爲王者斥候故合三爲一名爲于僞反五百里綏服綏安也侯服外之五
百里安服王者之政教綏息遺反三百里揆文教揆度也度王者文教而行之三百里皆同揆葵癸反
度待洛反二百里奮武衛文教外之二百里奮武衛天子所以安奮方問反五百里
要服綏服外之五百里要束以文教要一遙反束如字一音來三百里夷守平常之教事王者而已

馬云夷易也二百里蔡蔡法也法三百里而差簡(差)初佳反又初賣反五百里荒服要服外之五百里言荒又簡略三百里蠻以文德蠻來之不制以法二百里流流移也言政教隨其俗凡五服相距為方五千里東漸于海西被于流沙朔南暨聲教漸入也被及也此言五服之外皆與王者聲教而朝見(漸)子廉反(被)皮寄反(朔)朔北反(與)音預(朝)直遥反(見)賢遍反訖于四海禹錫玄圭告厥成功玄天色禹功盡加於四海故堯賜玄圭以彰顯之言天功成(訖)斤密反

甘誓第二　夏書　孔氏傳

啓與有扈戰于甘之野作甘誓夏啓嗣禹位伐有扈之罪(啓)禹子嗣禹為天子也(扈)音户有扈国名與夏同姓馬云姒姓之国為無道者案京兆鄠縣即有扈之国也甘有扈郊地名馬云南郊地也甘水名今在鄠縣西誓[illegible]為云軍旅曰誓會同曰誥甘誓甘有扈郊地名將戰先誓大戰于甘乃召六卿

天子六軍其將皆命卿【將】子匠反王曰嗟六事之人各有軍事故曰六事予誓告汝有扈氏威侮五行怠棄三正五行之德王者相承所取法有扈與夏同姓恃親而不恭是則威虐侮慢五行怠惰棄廢天地人之正道言亂常[illegible]正如字徐音征馬云建子建丑建寅三正也【惰】徒臥反天用勦絕其命用其失道故勦截也截絕謂滅之【勦】子六反玉篇子小反馬本作巢與玉篇切韻同今予惟恭行天之罰恭奉也言欲截絕之【罰】音伐左不攻于左汝不恭命左車左左方主射攻治也治其職右不攻于右汝不恭命右車右勇力之士執戈矛以退敵御非其馬之正汝不恭命御以正馬爲政三者有失皆不奉我命【御】魚慮反用命賞于祖天子親征必載遷廟之祖主行有功則賞祖主前示不專弗用命戮于社天子親征又載社主謂之社事不用命奔北者則戮之於社主前社主陰陰主殺親祖嚴社之義【戮】音六【北】如字又音佩軍走曰北予則孥戮汝孥子也非但止汝身辱及汝子言恥累也【孥】音奴【累】劣偽反

五子之歌第三　尚書　孔氏傳

太康失邦啓子也盤于遊田不恤民事為羿所逐不得反國昆弟五人須于洛汭作五子之歌太康五弟與其母待太康於洛水之北怨其不反故作歌五子名字書傳無聞仲康蓋其一也須馬云止也汭如銳反本又作內音同

五子之歌啓之五子因以名篇

太康尸位以逸豫尸主也主以尊位為逸豫不恤逸本又作佾豫本又作忬音同滅厥德黎民咸貳君喪其德則衆民皆二心矣黎力兮反喪息浪反乃盤遊無度盤樂遊逸無法度盤步干反本或作槃如字樂音洛畋于有洛之表十旬弗反洛水之表水之南十日曰旬田獵過百日不還畋音田有窮后羿因民弗忍距于河有窮國名羿諸侯名距太康於河不得入國遂廢之羿五計反徐胡細反距音巨厥弟五人御其母以從御侍也言從畋從如字或作才用反非徯于洛之汭五子咸怨待太康怨其久畋失國徯胡啓反述大

禹之戒以作歌述循也歌以叙怨其一曰皇祖有訓民可近
不可下皇君也君祖禹有訓戒近謂親之下謂失分近附近之近分扶問反民惟邦本本固
邦寧言人君當固民以安國予視天下愚夫愚婦一能勝予言能
畏敬小民所以得衆心一人三失怨豈在明不見是圖三失過非一也
不見是謀備其微三如字又息暫反見賢遍反予臨兆民懍乎若朽索之馭六
馬十萬曰億十億曰兆言多懍危貌朽腐也腐索馭六馬言危懼甚懍力甚反朽許久反索息洛反馭音御腐扶甫反爲
人上者奈何不敬能敬則不驕在上不驕則高而不危其二曰訓有之內
作色荒外作禽荒迷亂曰荒色女色禽鳥獸甘酒嗜音峻宇彫
牆甘嗜無厭足峻高大彫飾畫甘一音戶甘反嗜市志反峻思俊反牆慈羊反厭於鹽反又於豔反有一于
此未或不亡此六者棄德之君必有其一有一必亡况兼有乎其三曰惟彼陶

唐有此冀方陶唐帝堯氏都冀方統天下四方今失厥道亂其紀綱乃底滅亡言失堯之道亂其法制自致滅亡底之履反其四曰明明我祖萬邦之君有典有則貽厥子孫君萬國爲天子典謂經籍則法貽遺也言仁及後世貽以之反遺唯季反關石和鈞王府則有荒墜厥緒覆宗絕祀金鐵曰石供民器用通之使和平則官民足言古制存而太康失其業以取亡覆芳服反供音恭其五曰嗚呼曷歸予懷之悲曷何也言思而悲曷戶割反萬姓仇予予將疇依仇怨也言當依誰以復國乎鬱陶乎予心顏厚有忸怩鬱陶言哀思也顏厚色愧忸怩心慚慚愧於仁人賢士鬱音欝陶音桃鬱陶憂思也忸女六反怩女夷反徐乃私反思息嗣反弗慎厥德雖悔可追言人君行己不慎其德以速滅敗雖欲悔其可追及乎言無益雖如字或作惟

胤征第四　　夏書　　孔氏傳

羲和湎淫廢時亂日羲氏和氏世掌天地四時之官自唐虞至三代世職不絕承太康之後沈
湎於酒過差非度廢天時亂甲乙湎徐音緬面善反差初賣反又初佳反胤往征之作胤征胤國
之君受王命往征之國名胤征奉辭罰罪曰征惟仲康肇位四海羿廢太康而立其弟
仲康爲天子肇音兆胤侯命掌六師仲康命胤侯掌王六師爲大司馬羲和廢厥
職酒荒于厥邑舍其職官還其私邑以酒迷亂不修其業舍音捨胤后承王命
徂征徂往也就其邑往討之告于衆曰嗟予有衆誓勑之聖有謨
訓明徵定保徵證保安也聖人所謀之教訓爲世明證所以定國安家先王克謹天
戒臣人克有常憲言君能慎戒臣能奉有常法百官修輔厥后惟
明明修職輔君君臣俱明每歲孟春遒人以木鐸徇于路遒人宣令之官
木鐸金鈴木舌所以振文教遒在由反鐸待洛反鈴音令官師相規工執藝事以諫官衆

衆官更相規闕百工各執其所治技藝以諫諫失常〔更〕古孟反又□□□執〔更〕音庚□〔技〕其綺反其或不恭邦有常
刑言百官廢職服大刑惟時羲和顛覆厥德顛覆言反倒將陳羲和所犯故先舉孟春
之令犯令之誅苦□□反〔倒〕丁老反〔沈〕沈亂于酒畔官離次沈謂醉冥失次位也〔離〕如字又力智
反〔俶〕昌六反又□丁反俶擾天紀遐棄厥司俶始擾亂遐遠也紀謂時日司所主也〔俶〕本又
作俶亦作叔同尺六反〔擾〕而小反乃季秋月朔辰弗集于房辰日月所會房所舍之
次集合也不合即日食可知瞽奏鼓嗇夫馳庶人走凡日食天子伐鼓於社責上公瞽樂官樂
官進鼓則伐之嗇夫主幣之官馳取幣禮天神衆人走供救日食之百役也〔嗇〕音色馳車馬曰馳走步曰走〔供〕音恭羲和
尸厥官罔聞知主其官而無聞知於日食之變異所以罪重昏迷于天象以
干先王之誅闇錯天象言昏亂之甚干犯也政典曰先時者殺無赦政典
夏后為政之典籍若周官六卿之治典先時謂曆象之法四時節氣弦望晦朔先天時則罪死無赦〔先〕悉薦反下□注□時先天

[illegible]時者殺無赦不及謂[illegible]後時雖治[illegible]官尚有先後之差則無赦況[illegible]官[illegible]胡豆反

今予以爾有眾奉將天罰將行也奉王命行王誅謂殺湎淫之身立其賢子弟

爾眾士同力王室尚弼予欽承天子威命以天子威命督其士眾使用命

火炎崑岡玉石俱焚山脊曰岡崑山出玉言火逸而害玉崑音昆

天吏逸德烈于猛火逸過也天王之吏為過惡之德其傷害天下甚於火之害玉猛火烈矣又烈於火

殲厥渠魁脅從罔治殲滅渠大魁帥也指謂羲和[illegible]身其脅從距王師者皆無[illegible]殲子廉反魁苦回反脅虛業反帥色類反

舊染汙俗咸與惟新言其餘人久染汙俗本無惡心皆與更新一無所問汙烏故反汙厚之汙音烏汙著物也一音烏故反

嗚呼威克厥愛允濟歎能以威勝所愛則必有成功

愛克厥威允罔功以愛勝威無以濟眾信無功

其爾眾士懋戒哉言當勉以用命戒以[illegible]懋懋音茂辟音避

自契至于成湯八

遷十四世凡八徙國都 □□□祖八遷之書史唯見四 契息列反 湯始居亳從先王居
契父帝嚳都亳湯自商丘遷焉故曰從先王居 亳步各反徐扶各反 嚳苦毒反 作帝告釐沃 告來居治沃土
□□□月皆亡 告古毒反一音古報反 釐力之反 沃烏酷反此五 六篇□舊解是夏書馬鄭之徒以爲商書兩義俱通 湯征諸侯
爲夏方伯得專征伐 葛伯不祀湯始征之 葛國伯爵也廢其土地山川及宗廟神祇皆不祀湯始伐之
伐始於葛 祇巨支反 作湯征 述始征之義也亡 伊尹去亳適夏 伊字尹氏□□□□
既醜有夏復歸于亳 醜惡其政不能用賢故退還 復扶又反 入自北門乃
遇汝鳩汝方 鳩方二人湯之賢臣不期而會曰遇 作汝鳩汝方 言所以醜夏而還之意二
篇皆亡

尚書卷第四

商書　　孔氏傳

湯誓第一

伊尹相湯伐桀升自陑桀都安邑湯升道從陑出其不意陑在河曲之南【相】息亮反湯如字馬云俗儒以湯爲謚或爲號號者似非其意言謚迹之然不在謚法故無聞焉及禹俗儒以爲名帝系禹名文命王侯並本湯名天乙推此言之禹豈復非謚乎以不在謚法故疑焉【桀】其列反夏之末天子【升】音昇【陑】音而遂與桀戰于鳴條之野地在安邑之西桀逆拒湯作湯誓

湯誓戒誓其士衆

王曰格爾衆庶悉聽朕言契始封商湯遂以爲天下號湯稱王則比桀於一夫【契】息列反非台小子敢行稱亂有夏多罪天命殛之稱舉也舉亂以諸侯伐天子非我小子敢行此事桀有昬德天命誅之今順天【台】以之反下同【殛】紀力反今爾有衆汝曰我后不恤我衆舍我穡事而割正夏汝汝有衆我后桀也正政也言奪民農功而爲割剝之政【恤】荀

律反合音捨廢也 予惟聞汝衆言 不衆之言 夏氏有罪予畏上

帝不敢不正 不敢不正桀罪誅之 今汝其曰夏罪其如台 今汝其復言亡多

惡其亦如我所聞之言 復扶又反 夏王率遏衆力率割夏邑 言桀君臣相率為勞

役之事以絕衆力謂廢農功相率割剝夏之邑居謂征賦重 遏於葛反徐音謁止也云止也 有衆率怠弗協

曰時日曷喪予及汝皆亡 衆下相率為怠惰不與上和比桀於日曰是日何時亡乎

欲汝俱亡欲殺身以喪桀 喪息浪反 惰徒卧反 夏德若茲今朕必往 凶德如此必往誅之

爾尚輔予一人致天之罰予其大賚汝 賚與也汝庶幾輔成我我

大與汝爵賞 賚音代力代反徐音來 爾無不信朕不食言 食盡其言偽不實 爾

不從誓言 用命 予則孥戮汝罔有攸赦 古之用刑父子兄弟罪不

相及今云孥戮汝無有所赦權以脅之使勿犯 湯既勝夏欲遷其社不可 湯承

堯舜禪代之後順天應人逆取順守而有慙德故革命創制改正易服變置社稷而後世無及句龍者故不可而止社后土之神禪市戰反應應對之應創初亮反正音征稷[illegible]政[illegible]鉤[illegible]龍共工之子爲后土作夏社疑至臣扈言夏社不可遷之義疑至及臣扈三篇皆亡扈音戶夏師敗績湯遂從之大崩曰敗績從遂討之[illegible]反[illegible]才容反遂伐三朡俘厥寶玉三朡國名桀走保之今定陶也桀自安邑東入山出太行東南涉河湯緩追之不迫遂奔南巢俘取也玉以禮神使無水旱之災故取而寶之朡子公反俘音孚行戶剛反一音字誼伯仲伯作典寶二臣作典寶一篇言國之常寶也誼本或作義

仲虺之誥第二　商書　孔氏傳

湯歸自夏至于大坰自三朡而還大坰地名坰古螢反徐欽螢反又[illegible]反仲虺作誥爲湯左相奚仲之後虺許鬼反誥故報反相息亮反仲虺之誥臣名以諸侯相天子會同曰誥成湯放桀于南巢惟有慙德湯伐桀武功成故以爲號南巢地名有慙德慙[illegible]

及古湯伐桀武功成故號成湯一云成諡也曰予恐來世以台爲口實恐來世論
道我放天子常不去口仲虺乃作誥陳義誥湯可無慙曰嗚呼惟天生民
有欲無主乃亂民無君主則恣情欲必致禍亂惟天生聰明時乂言天
生聰明是治民亂有夏昏德民墜塗炭夏桀昏亂不恤下民民之危險若陷泥墜火無救之
者天乃錫王勇智表正萬邦纘禹舊服言天與王勇智應爲民主
儀表天下法正萬國繼禹之功統其故服纘子管反應應對之應茲率厥典奉若天命天意
如此但當循其典法奉順天命而已無所慙夏王有罪矯誣上天以布命于
下言託天以行虐於民乃桀之大罪矯居表反誣音無帝用不臧式商受命爽
厥師天用桀無道故不善之式用爽明也用商受命用明其衆言爲主也臧依郎反簡賢附勢
寔繁有徒簡略也賢而無勢則略之不賢有勢則附之若是者繁多有徒衆無道之世所常繁音煩肇我

于有夏若苗之有莠若粟之有秕始我商家國於夏世欲見翦除若莠生苗若秕在粟恐被鋤治簸颺莠羊九反秕悲里反又甫里反又必履反鋤仕魚反簸波我反颺音揚小大戰

戰罔不懼于非辜矧予之德言足聽聞言商家小大憂危恐懼無非罪見滅則況也況我之道德善言足聽聞乎言天之惡有道自然理惡烏路反惟王不邇聲色不

殖貨利邇近也不近聲樂言清簡不近女色言貞固殖生也不生資貨財利言不貪也既有聖德兼有此行邇附近之近行下孟反德懋懋官功懋懋賞用人惟己改過不吝

懋德者則勉之以官懋於功者則勉之以賞用人之言若自己出有過則改無所吝惜所以能成王業克寬克仁

彰信兆民言湯寬仁之德明信於天下乃葛伯仇餉初征自葛東

征西夷怨南征北狄怨葛伯遊行見農民之餉於田者殺其人奪其餉故謂之仇餉仇怨也

湯爲是以不祀之罪伐之從此後遂征無道西夷北狄舉遠以言則近者著矣仇音求餉式亮反曰奚獨後

予怨者辭也攸徂之民室家相慶曰徯予后后來其蘇湯所往之民皆喜曰待我君來其可蘇息徯胡啓反蘇字亦作民之戴商厥惟舊哉舊謂初征自葛時佑賢輔德顯忠遂良賢則助之德則輔之忠則顯之良則遂之兼弱攻昧取亂侮亡弱則兼之闇則攻之亂則取之有亡形則侮之言正義推亡固存有亡道則推而亡之有存道則輔而固之王者如此國昌盛推土雷反德日新萬邦惟懷志自滿九族乃離日新不懈怠自滿志盈溢解工債反王懋昭大德建中于民以義制事以禮制心垂裕後昆欲王自勉明大德立大中之道於民率義奉禮垂優足之道示後世中如字本或作忠非裕徐以樹反予聞曰能自得師者王求賢聖而事之王徐于況反又如字謂人莫己若者亡自多足人莫之若亡好問則裕自用則小問則有得所以足不問專固所以小好呼報反嗚呼

慎厥終惟其始（靡不有初，鮮克有終，故戒慎終如其始。鮮，息淺反。）殖有禮覆昏暴（有禮者封殖之，昏暴者覆亡之。覆，芳服反。暴，蒲報反，字亦作虣。）欽崇天道永保天命（王者如此上事，則敬天安命之道。）

湯誥第三

商書　孔氏傳

湯既黜夏命（黜其王命。黜，退也。）復歸于亳作湯誥（湯誥，以伐桀大義告天下。）

王歸自克夏至于亳誕告萬方（誕，大也。以天大義告萬方衆人。誕，音但。告，工毒反。）

王曰嗟爾萬方有衆明聽予一人誥（天子自稱曰予一人，古今同義。）

惟皇上帝降衷于下民（皇，大。上帝，天也。衷，善也。）若有恒性克綏厥猷惟后（順人有常之性，則能安立其道教，則惟為君之道。）

夏王滅德作威以敷虐于爾萬方百姓（言桀不能安道德，作威刑，以布行虐政於天下百官。）

言殘酷爾萬方百姓罹其凶害弗忍荼毒罹被荼毒苦也不能堪忍
虐之甚罹力之反本亦作羅羅洛何反荼音徒並告無辜于上下神祇言百姓兆民並告無
罪稱冤訴天地冤紆元反天道福善禍淫降災于夏以彰厥罪[illegible]
天福之淫過天禍之故下災異以明桀罪惡譴寤之而桀不改譴遣戰反寤五故反肆台小子將天命
明威不敢赦行天威謂誅之台音怡敢用玄牡敢昭告于上天
神后請罪有夏明告天問桀百姓有何罪而加虐乎牡茂后反聿求元聖與之
戮力以與爾有衆請命聿遂也大聖陳力謂伊尹放桀除民之穢是請命聿允橘反
也戮舊音六又力彫反說文力周反史記音力消反穢於廢反上天孚佑下民罪人黜伏
孚信也天信佑助下民桀知其罪退伏遠屏天命弗僭賁若草木兆民允殖
僭差也賁飾也言福善禍淫之道不差天下惡除煥然咸飾若草木同華民信樂生僭子念反[illegible]也劉創林反賁彼義反徐扶云反

呼亂反慼音　一人輯寧爾邦家　言天使我輯安汝國家侯侯家卿大夫俾必爾反又徐甫

契方反輯音集又七入反　茲朕未知獲戾于上下　此伐桀未知得罪於天地謙以求衆心戾

力計反　慄慄危懼若將隕于深淵　慄慄危懼之甚懼若墜深淵隕于

反　凡我造邦無從匪彝無即慆淫　戒諸侯與之更始彝常慆慢也無從非常

無就慢過禁之彝徐夷慆他刀反　各守爾典以承天休　守其常法承天美道　爾有

善朕弗敢蔽罪當朕躬弗敢自赦惟簡在上帝之

心　所以不蔽善人不赦己罪以其簡在天心故也　其爾萬方有罪在予一人朕躬

化不至　予一人有罪無以爾萬方　無用爾萬方言非所及　嗚呼尚

克時忱乃亦有終　忱誠也庶幾能是道乃亦有終世忱市林反　咎單作明

居　咎單臣名主土地之官作明居民法一篇亡單音善卷末

伊訓第四　　商書　　孔氏傳

成湯既沒太甲元年（太甲太丁子湯孫也太丁未立而卒及湯沒而太甲立稱元年）伊尹作伊訓肆命徂后（凡三篇其二亡）伊訓（作訓以教道太甲）惟元祀十有二月乙丑伊尹祠于先王（此湯崩踰月太甲即位奠殯而告祀年也夏曰歲商曰祀周曰年唐虞曰載言祭也）奉嗣王祗見厥祖（居位主喪見賢遍反）侯甸群后咸在位次（甸徒遍反）百官總已以聽冢宰（伊尹制百官以三公攝冢宰總子孔反）伊尹乃明言烈祖之成德以訓于王（湯有功烈之祖故稱焉）嗚呼古有夏先后方懋厥德罔有天災（先后禹以下少康以上賢王言能以德禳災少詩照反上時掌反禳如羊反）山川鬼神亦莫不寧（莫無也言皆安之）暨鳥獸魚鼈咸若（雖微物皆順之明其餘無不順暨其器反鼈必滅反）于其子孫弗

皇天降災假手于我有命言桀不循其祖道故天下禍災借手於我有命商王誅討之造攻自鳴條朕哉自亳造哉皆始也始攻桀伐無道由我始修德于亳亳旁各反徐扶各反惟我商王布昭聖武代虐以寬兆民允懷言湯布明武德以寬政代桀虐政兆民以此皆信懷我商王之德今王嗣厥德罔不在初言善惡之由無不在初欲其慎始立愛惟親立敬惟長始于家邦終于四海言立愛敬之道始於親長則家國並化終洽四海長丁丈反嗚呼先王肇修人紀從諫弗咈先民時若言湯始修為人綱紀有過則從諫如流必先民之言是順咈扶弗反居上克明言理恕為下克忠事上竭誠與人不求備檢身若不及使人必器之常如不及恐已有過以至于有萬邦茲惟艱哉言湯操心常危懼動而無過以至為天子此自立之難操七刀反[illegible]敷求哲人俾輔于爾後

嗣亦戒智使師輔於嗣王言太公後世哲本又作喆俾必爾反制官刑儆于有位言湯

制治官刑法以儆戒百官儆居領反曰敢有恒舞于宮酣歌于室時謂巫

風常舞則荒淫樂酒曰酣酣歌則廢德事鬼神曰巫言無政酣戶甘反巫音無樂音洛敢有殉于貨

色恒于遊畋時謂淫風殉求也昧求財貨美色常遊戲畋獵是淫過之風俗殉辭俊反徐辭

峻反畋音田敢有侮聖言逆忠直遠耆德比頑童時謂亂

風狎侮聖人之言而不行拒逆忠直之規而不納耆年有德疏遠之童稚頑嚚親比之是荒亂之風俗遠于萬反注同耆巨

夷反比毗志反徐扶至反稚直利反嚚魚巾反惟茲三風十愆卿士有一于身

家必喪有一過則德義廢失位亡家之道愆去乾反喪如字又息浪反邦君有一于身國

必亡諸侯犯此國亡之道臣下不匡其刑墨具訓于蒙士邦君卿士

則以爭臣自匡正臣不正君服墨刑鑿其額涅以墨蒙士例謂士……僕隸……諫爭之爭鑿在洛反額魚白反涅乃

結反，郎計反。嗚呼！嗣王祗厥身，念哉！言當敬身，念祖德。聖謨洋洋，嘉言孔彰。洋洋，美善；言甚明可法。洋音羊，徐音翔。惟上帝不常，作善降之百祥，作不善降之百殃。祥，善也。天之禍福惟善惡所在，不常在一家。爾惟德罔小，萬邦惟慶。修德無小，則天下賚慶。賚，力代反。爾惟不德罔大，墜厥宗。苟為不德無大，言惡有類，以類相致，必墜失宗廟。此伊尹至忠之訓。肆命陳天命以戒太甲。徂后陳往古明君以戒。

太甲上第五

商書　孔氏傳

太甲既立，不明，不用伊尹之訓，不明居喪之禮。伊尹放諸桐。湯葬地也。不知朝政，故曰放。朝，直遙反。三年復歸于亳，思庸。念常道。伊尹作太甲三篇。戒太甲，故以名篇。

太甲

惟嗣王不惠于阿衡，阿，倚；衡，平。言不順伊尹之訓。倚，於綺反。伊

尹作書曰先王顧諟天之明命以承上[illegible]神祇顧謂
常目在之諟是也言敬奉天命以承順天地顧音故諟是說文理也祇巨支反社稷宗廟罔不祗
肅肅嚴也言能嚴敬鬼神而遠之遠于万反天監厥德用集大命撫綏萬
方監視也天視湯德集王命於其身撫安天下監工暫反惟尹躬克左右厥辟宅
師伊尹言能助其君居業天下之衆辟必亦反徐甫亦反肆嗣王丕承基緒肆故也言
先祖勤德致有天下故子孫得大承基業宜念祖脩德丕普悲反徐甫眉反惟尹躬先見于西
邑夏自周有終相亦惟終周忠信也言身先見夏之君臣用忠信有終夏都在亳西先見並
如字注同其後嗣王罔克有終相亦罔終言桀君臣滅先人之道德不能
終其業以取亡相息亮反嗣王戒哉祗爾厥辟辟不辟忝厥祖以不
終爲戒慎之至敬其君之道則[illegible]終不[illegible]也爲君不君則[illegible]其祖王惟庸罔念聞言[illegible]大中守常不改無念聞

伊尹之戒伊尹乃言曰先王昧爽丕顯坐以待旦爽顯皆明也言先王昧明思大明其德坐以待旦而行之昧音妹旁求俊彥啓迪後人旁非一方美士曰彥開道後人言訓戒俊本亦作畯迪大歷反無越厥命以自覆越墜失也無失亡祖命而不勤德以自顛覆越于月反本又作粤覆芳服反注同慎乃儉德惟懷永圖言當以儉爲德思長世之謀若虞機張往省括于度則釋機弩牙也虞度也度機機有度以準望言修德夙夜思之明旦行之如射先省矢括于度釋則中省悉井反括故活反度如字虞度待洛反中丁仲反欽厥止率乃祖攸行止謂行所安止君止於仁子止於孝惟朕以懌萬世有辭言能循汝祖所行則我喜悅王亦見歎美無窮懌音亦王未克變未能變不用訓太甲性輕脫伊尹至忠所以不已輕遣政反伊尹曰茲乃不義習與性成言習行不義將成其性本亦作[illegible]予弗狎于弗順營于桐宮密邇先王無俾世

迷狎近也經營桐墓立宮令太甲居之近先王則訓於義無成其過不使世人迷惑怪 狎必爾反後篇同 近附近之近 令力呈反

王徂桐，居憂 往入桐宮居憂位 克終允德 言能思念其祖終其信

太甲中第六　商書　孔氏傳

惟三祀十有二月朔 湯以元年十一月崩至此二十六月三年服闋 闋苦穴反 伊尹以冕服奉嗣王歸于亳 冕冠也踰月即吉服 冕音免 作書曰：民非后罔克胥匡以生 無能相匡故須君以生 胥息餘反 后非民罔以辟四方 須民以君四方 皇天眷佑有商，俾嗣王克終厥德，實萬世無疆之休 言王能終其德乃天之顧佑商家是商家萬世無窮之美 疆居良反 王拜手稽首曰：予小子不明于德，自底不類 君而稽首於臣謝前過類善也闇於德故自致不善 底之履反 欲敗度，縱敗禮，以速戾于厥 速召也言己放縱情欲毀

敗禮儀法度以召罪於其身敗必邁反令甫過反縱子用反戾郎計反天作孽猶可違自作
孽不可逭孽災逭逃也言災可避自作災不可逃孽魚列反逭胡乱反既往背師保
之訓弗克于厥初尚賴匡救之德圖惟厥終言已往之前不能修德於其初今庶幾賴教訓之德謀終於善悔過之辭背音佩保扶代反伊尹拜手稽首拜手
首至手曰修厥身允德協于下惟明后言修其身使信德合於群下惟乃明
君先王子惠困窮民服厥命罔有不悅言湯子愛困窮之人使皆得其所故民心服其教令無有不欣喜並其有邦厥鄰乃曰徯我后后來
無罰湯俱與鄰並有國鄰國人乃曰待我君來言今戴君來無罰言仁惠徯胡啓反王懋乃德視
乃厥祖無時豫怠言當勉修其德法視其祖而行之無為是逸豫怠惰懋音茂奉先
思孝接下思恭以念祖德為孝以不驕慢為恭視遠惟明聽德惟聰

言當以明視遠以聰聽德 朕承王之休無斁 王行如此則我承王之美無厭斁音亦厭於此

太甲下第七　尚書　孔氏傳

伊尹申誥于王曰嗚呼惟天無親克敬惟親 言天於人無有親疏惟親能敬身者 民罔常懷懷于有仁 民所歸無常以仁政為常 鬼神無常享享于克誠 言鬼神不保一人能誠信者則享其祀 天位艱哉 言居天子之位難以此三者 德惟治否德亂 為政以德則治不以德則亂 治直吏反注及下同 與治同道罔不興與亂同事罔不亡 言安危在所任治亂在所法 終始慎厥與惟明明后 明慎其所與治亂之機則為明王明君 先王惟時懋敬厥德克配上帝 言湯惟是終始所與之難勉修其德能配天而行之 今王嗣有令緒尚監茲哉 令善也繼祖善業當夙夜庶幾視祖此配天之德而法之 若升高必

自下若陟遐必自邇言善政有漸如登高升遠必用下近為始然後終致高遠無輕民事惟難無輕為力役之事必重難之乃可無安厥位惟危言當常自危懼以保其位慎終于始於始慮終於終思始有言逆于汝心必求諸道人以言咈違汝心必以道義求其意勿拒逆之咈扶弗反有言遜于汝志必求諸非道遜順也言順汝心必以非道察之勿以自臧嗚呼弗慮胡獲弗為胡成一人元良萬邦以貞胡何貞正也言常念慮道德則得道德念為善政則成善政一人天子天子有大善則天下得其正君罔以辯言亂舊政利口覆國家故特慎焉覆芳服反臣罔以寵利居成功成功不退其志無限故為之極以安之邦其永孚于休言君臣各以其道則國長信保於美

咸有一德第八

伊尹作咸有一德言君臣皆有純一之德以戒太甲咸有一德即政之後恐其不一故以戒之伊尹既復政厥辟還政太甲將告歸乃陳戒告老歸邑陳德以戒曰嗚呼天難諶命靡常以其無常故難信諶徐市林反常厥德保厥位厥德匪常九有以亡人能常其德則安其九有諸侯桀不能常其德湯伐而兼之夏王弗克庸德慢神虐民言桀不能常其德不敬神明不恤下民皇天弗保監于萬方啓迪有命言天不安桀所爲廣視萬方有天命者開道之眷求一德俾作神主天求一德使代桀爲天地神祇之主惟尹躬暨湯咸有一德克享天心受天明命享當也所征無敵謂之受天命以有九有之師爰革夏正爰於也於得九有之衆遂伐夏勝之改其正非天私我有商惟天佑于一德非天私商而王之佑助一德所以王王于況反下同如字非商

求于下民惟民歸于一德非商以力求民自歸于一德德惟一動

罔不吉德二三動罔不凶二三言不一惟吉凶不僭在

人惟天降災祥在德行善則吉行惡則凶是不差德一天降之災祥在德僭子念反

今嗣王新服厥命惟新厥德其命王命新其德戒勿怠終始惟

一時乃日新言德行終始不衰殺是乃日新之義行下孟反殺色界反衰微也殺害也言小小害也任

官惟賢材左右惟其人官賢材而任之非賢材不任選左右必忠良不忠良非其人臣

爲上爲德爲下爲民言臣奉上布德順下訓民不可官所私任非其人爲于僞反下爲民同

爲德爲于下爲下同以下皆于僞反其難其慎惟和惟一其難無以易其慎無以輕之羣臣當和

一心以事君政乃善易以豉反德無常師主善爲師德非一方以善爲主乃可師

善無常主協于克一言以合於能一爲常德俾萬姓咸曰大哉王

言一德之言故曰大又曰一哉王心能一德則一心克綏先王之祿

永底烝民之生言爲王而令萬姓如此則能保安先王之[illegible]長致衆民所以自生之道是明王之事【烝】之承反

嗚呼七世之廟可以觀德天子立七廟有德之王則爲祖宗其廟不毀故可觀德

萬夫之長可以觀政能整齊萬夫其政可知【長】丁丈反后非民罔

使民非后罔事君以使民自尊民以事君自生無自廣以狹人匹夫

匹婦不獲自盡民主罔與成厥功上有狹人之心則下無所自盡矣言

先盡其心然後乃能盡其力人君所以成功【狹】戶夾反【盡】徐子忍反注同沃丁既葬伊尹于亳

沃丁太甲子伊尹既致仕老終以三公禮葬【沃】烏毒反徐於毒反咎單遂訓伊尹事訓暢其所行功

德之事作沃丁咎單忠臣名作此篇以戒也亡伊陟相太戊伊陟伊尹子太戊沃丁弟之子

【陟】張力反【相】息亮反太戊[illegible]甲子亳有祥桑穀共生于朝祥妖怪二木合生七日

拱不七……詞 桑蘇藏反 縠 工木反諸也 朝直遙反 伊陟贊于巫咸作咸乂四篇 贊告也巫咸臣名皆亡 巫咸 馬云巫男巫也名咸殷之巫也 太戊贊于伊陟 告人改過之辭 作伊陟原命 原臣名原命伊陟二篇皆亡 仲丁遷于囂 ……太戊子去亳囂地名 囂 五羔反 作仲丁 陳遷都之義亡 河亶甲居相 仲丁弟相地名在河北 亶 丁但反 相 息亮反在河北 今魏郡有相縣 作河亶甲 亡 祖乙圮于耿 亶甲子圮於相遷於耿河水所毀曰圮 圮 備美反徐扶鄙反馬云毁也 作祖乙 亡

尚書卷第四

尚書卷第五

商書　孔氏傳

盤庚上第九

盤庚五遷將治亳殷自湯至盤庚凡五遷都盤庚治殷殷盤本又作般步干反治直吏反民咨胥怨胥相也民不欲徙乃咨嗟憂愁相與怨上胥徐思餘反怨紆萬反作盤庚三篇盤庚盤庚殷王名殷質以名篇盤庚殷王名也世本云祖乙曾孫祖丁之子不言盤庚誥何非但錄其誥也取其徙而立功故以盤庚名篇盤庚遷于殷亳之別名民不適有居適之也不欲之殷有邑居率籲眾戚出矢言籲和也率和眾憂之人出正直之言籲音喻戚千歷反曰我王來既爰宅于茲我王祖乙居耿爰於也言祖乙已居於此重我民無盡劉劉殺也所以遷此重我民無欲盡殺故盡子忍反不能胥匡以生卜稽曰其如台言民不能相匡以生則當卜稽於龜以從曰其如我所行稽工兮反台音怡先王有服恪謹天命茲

猶不常寧先王有所服行敬謹天命如此尚不常安有可遷輒遷恪苦各反不常厥邑
于今五邦湯遷亳仲丁遷囂河亶甲居相祖乙居耿我往居亳凡五徙國都馬云五邦謂商丘亳囂相耿也今
不承于古罔知天之斷命今不承古而徙是無知天將斷絕汝命斷丁管反矧
曰其克從先王之烈天將絕命尚無知之況曰其能從先王之業乎從才容反若顛
之有由蘖言今往遷都更求昌盛如顛仆之木有用生蘖哉蘖五達反本又作枿馬云顛木而肄生曰枿仆音赴
步北反天其永我命于茲新邑言天其長我命於此新邑不可不徙紹復先王
之大業厎綏四方言我徙欲如此厎之履反盤庚斆于民由乃在
位以常舊服正法度斆教也教人使用汝在位之命用常故事正其法度斆戶教反下同度
如字曰無或敢伏小人之攸箴言無有敢伏絕小人之所欲箴規上者戒朝臣
箴之林反馬云諫也朝直遙反王命眾悉至于庭眾群臣以下王若曰格汝

衆予告汝訓告汝法教汝猷黜乃心無傲從康謀退汝違上之心

心無傲慢從心所安傲五報反古我先王亦惟圖任舊人共政□九□老

□□人共治其政聒而鳩反王播告之修不匿厥指王布告人以□政不匿其指播□□□之□

反匿女力反王用丕欽罔有逸言民用丕變王用大□教無有□□

言民用大變從化今汝聒聒起信險膚予弗知乃所訟□□□□知

之貌起信□偽膚受之言也不知汝所訟言何謂聒古活反□□又說文皆□拒善自用之意非予自□

德惟汝含德不惕予一人□□□□入我□□□□□□此□□汝不□從非

命所含惡德但不畏懼我耳我視汝情如視火惕他歷反予亦拙謀作乃□□□□□過也□□□□□

徙是我拙謀成汝過拙之劣反若網在綱有條而不紊若農服田力

穡乃亦有秋紊亂也穡耕稼也下之從上當如網之在綱各有條理而不亂也農勤穡則有秋下從上則有□

祖〇徐音文品門汝克黜乃心施實德于民至于婚友丕乃

敢大言汝有積德汝群臣能退汝違上之心施實德於民至于婚姻僚友則我大乃敢言汝有積

德之乃不畏戎毒于遠邇惰農自安不昏作勞不服

田畝越其罔有黍稷戎大昏強也於也言不欲徙則是不畏大毒於遠近如怠惰之農苟自安

逸不強作勞於田畝則黍稷無所有昏馬同本或作暋音敏爾雅昏暋皆訓強故兩存越本又作粵音曰于也越其丈反

和吉言于百姓惟汝自生毒責公卿不能和喻百官是自生毒害乃敗禍

姦宄以自災于厥身言汝不相率共徙是為敗禍姦宄以自災之道宄音軌乃既先

惡于民乃奉其恫汝悔身何及群臣不欲徙是先惡于民恫痛也不欲徙則禍毒

在汝身徙奉持所痛而悔之則於身無所及奉孚勇反注同恫徒弄反又音通痛也相時憸民猶胥

顧于箴言其發有逸口矧予制乃短長之命言憸利小民尚相顧

□□□而爲當遷之言者奈箴言之發即有汝等逸之言以排擊阻難之然汝等逸□尚能制此小民況□□爲君乃制汝生殺之命乎相息亮反汝曷不告朕而胥動以浮言恐沈于衆汝何弗以小民之箴言□朕而乃相動浮言恐動斯民以禍患沈陷斯民于罪惡也若火之燎于原不可嚮邇其猶可撲滅則惟爾衆自作弗靖非予有咎譬之燎原之火勢雖不可嚮邇猶□得而撲滅之至是則唯汝衆自爲不安已豈予之過哉燎盧□反撲□卜反遲任有言曰人惟求舊器非求舊惟新遲任古之賢人也人舊則習器舊則□□當常新器人用新器也徐云求舊求于世□之家任如林反古我先王暨乃祖乃父胥及逸勤予敢動用非罰先王及乃祖乃父相與同其勞逸我豈敢□用非罰以加汝乎世選爾勞予不掩爾善茲予大享于先王爾祖其從與享之作

福作災予亦不敢動用非德我先王世世簡録汝祖父之勞我亦不敢
掩蔽汝祖父之善今我大享于先王爾祖咸配食于廟先王與爾祖臨之在上質之在德作福作災賞善罰惡皆簡
在先王與爾祖父之心我亦豈敢動用非德以私汝乎【選】須絹反與去聲予告汝于難若
射之有志遷都固非易事然我志決遷若射者之必于中有不容已者中音仲汝無侮
老成人無弱孤有幼戒其老成者不可侮孤幼者不可少之也【少】去聲各長
于厥居勉出乃力聽予一人之作猷爾臣各〻謀〻遠〻〻今地出
汝力以聽我遷徙之謀也無有遠邇用罪伐厥死用德彰厥善
非有遠近親踈凡伐死彰善唯視汝之善惡耳邦之臧惟汝眾邦之不臧惟
予一人有佚罰紹復大業〻綏四方邦之善也唯汝眾用德之故一人之斷命先烈之弗克綏邦
之不善也唯我一人失罰所當罰也凡爾眾其唯致告自今至于

後日各恭爾事齊乃位度乃口奉其職事正齊其位以法度居汝口勿浮言【度】徐如字亦作渡罰及爾身弗可悔不從我謀罰及汝自雖悔可及乎

盤庚中第十　　商書　　孔氏傳

盤庚作惟涉河以民遷為此南渡河之法用民徙乃話民之弗率話善言民不循教發善言大告用誠於衆【話】胡快反馬云告也言也【誕】[illegible]音誕告用亶其有衆【亶】丁但反馬本作單音同誠也咸造勿褻在王庭造至也衆皆至王庭無褻慢【造】七報反注同馬在早反云為也【褻】息列反盤庚乃登進厥民升進命使前曰明聽朕言無荒失朕命荒發嗚呼古我前后罔不惟民之承言我先世賢君無不承安民而恤之保后胥慼鮮以不浮于天時民亦安君之政相與憂行君令浮行也少以不行於天時者言皆行天時【鮮】息淺反殷降大虐先王不懷我殷家於

大降大災則先王不思故居而行徙厥攸作視民利用遷其所為視民有利則用徙汝曷弗念我古后之聞古后先王之聞謂〻迹事〔曷〕何末反下同承汝俾汝惟喜康共非汝有咎比于罰今我法先王惟民之承故承汝使汝徙惟與汝共喜安非謂汝有惡徙汝令比近於殃罰〔俾〕必爾反〔咎〕其九反〔比〕毗志反徐扶至反注及下同〔共〕群用反〔令〕力呈反近附近之近予若籲懷茲新邑亦惟汝故以丕從厥志言我順和懷此新邑欲利汝衆故大從其志而徙之〔籲〕羊戌反今予將試以汝遷安定厥邦試用汝不憂朕心之攸困所困不順上命乃咸大不宣乃心欽念以忱動予一人汝皆大不布腹心敬念以誠感動我是汝不盡忠〔忱〕市林反爾惟自鞠自苦鞠窮也言汝為臣不忠自取窮苦〔鞠〕居六反若乘舟汝弗濟臭厥載言不徙之害如舟在水中流不渡臭敗其所載物〔臭〕徐尺售反載如字又在代反爾忱不屬惟胥以沈不其或稽

自怒曷瘳汝忠誠不屬逮古苟不欲徙相與沈溺不考之先王禍至自怒何瘳差乎【屬】音燭注同馬云獨也【沈】直林反【瘳】勑留反汝不謀長以思乃災汝誕勸憂汝不謀長久之計思汝不徙之災苟不欲徙是大勸憂之道今其有今罔後汝何生在上言不徙無後計汝何得久生在人上禍將及汝今予命汝一無起穢以自臭我一心命汝汝違我自臭敗【穢】於廢反恐人倚乃身迂乃心言汝自欲徙又爲他人所誤倚曲迂僻【倚】於綺反徐於奇反【迂】音于【僻】匹亦反予迓續乃命于天予豈汝威用奉畜汝衆迓迎也言我徙欲迎續汝命于天豈以威脅汝乎用奉畜養汝衆【迓】五駕反【畜】許竹反下同【脅】音虛業反予念我先神后之勞爾先予丕克羞爾用懷爾然言我亦法湯大能進勞汝以義懷汝心而汝違我是汝反先人【勞】力報反又如字注同失于政陳于茲高后丕乃崇降罪疾曰曷虐朕民崇重也今既失政而陳久於此而不徙湯

必大重下罪疾於我，何為虐我民而不徙乎　重 直勇反，又直恭反　汝萬民乃不生生，暨予一人猷同心　不進進謀，同心徙　先后丕降與汝罪疾，曰曷不暨朕幼孫有比　言非但罪我，亦將罪汝，幼孫盤庚自謂，比同心　故有爽德，自上其罰汝，汝罔能迪　湯有明德在天，見汝情下罰汝，汝無能道言無辭　古我先后既勞乃祖乃父　勞之共治人　汝共作我畜民，汝有戕則在乃心　戕，殘也。汝共我治民，有殘人之心而不欲徙，是反父祖之行　戕 在良反，又七良反　行 下孟反　我先后綏乃祖乃父，乃祖乃父乃斷棄汝，不救乃死　言我先王安汝父祖之忠，今汝不忠，汝父祖必斷絕棄汝命，不救汝死　斷 丁緩反　茲予有亂政同位，具乃貝玉　亂，治也。此我有治政之臣，同位於父祖，不念盡忠，但念貝玉而已，言其貪　[illegible] 直吏反　與 音預　乃祖先父丕乃告我高后曰：作丕刑于朕孫　言汝父祖見汝貪而不忠，必大乃告

一二六

湯曰作大刑於我子孫求討不忠之罪 告工号反我高后本又作乃祖乃父 迪高后丕乃崇降

弗祥 言汝父祖開道湯湯重下不善以罰汝陳忠孝之義以督之 嗚呼今予告汝不易

易 凡所言皆不易之事 易以豉反注同 永敬大恤無胥絕遠 長敬我言大憂行之無相與絕遠棄

廢之 遠于万反又如字注同 汝分猷念以相從各設中于乃心 群臣當分

明相與謀念和以相從各設中正於汝心 分扶問反又如字注同 乃有不吉不迪 不吉不道謂凶人

顛越不恭暫遇姦宄 顛隕越墜也不恭不奉上命暫遇人而劫奪之為姦於外為宄於內 暫才

淡反 隕于敏反 我乃劓殄滅之無遺育無俾易種于茲新邑

劓割育長也言不吉之人當割絕滅之無遺長其類無使易種於此新邑 劓魚器反徐吾氣反 殄徒典反 易如字又以豉反注同 長

丁丈反下遺長同 往哉生生今予將試以汝遷永建乃家 自

已往進進於善我用以汝遷長立汝家卿大夫稱家

盤庚下第十一　　商書　　孔氏傳

盤庚既遷奠厥攸居乃正厥位定其所居正郊廟朝社之位奠田薦反朝直遙反綏爰有衆曰無戲怠懋建大命安於有衆戒無戲怠勉立大教令今予其敷心腹腎腸歷告爾百姓于朕志布心腹言輸誠於百官以告志腎時忍反腸徐持良反罔罪爾衆爾無共怒協比讒言予一人群臣前有此過故禁其後令我不罪汝汝勿共怒我合比凶人而妄言比毗志反讒仕咸反古我先王將多于前功言以遷徙多大前人之功美適于山用降我凶德嘉績于朕邦徙必依山之險無城郭之勞下去凶惡之德立善功於我國降工巷反徐下江反去羌呂反今我民用蕩析離居罔有定極水泉沉溺故蕩析離居無安定之極徙以為之極析先歷反爾謂朕曷震動萬民以遷言皆不明己本心肆上帝將

復我高祖之德，亂越我家。以徙故，天將復湯德，治理於我家。治，直吏反。朕及篤敬，恭承民命，用永地于新邑。言我當與厚敬之臣奉承民命，用長居新邑。肆予沖人，非廢厥謀，弔由靈；沖，童。童人，謙也。弔，至。靈，善也。非廢，謂動謀於衆，至用其善。弔，音的，或如字。各非敢違卜，用宏茲賁。宏、賁皆大也。君臣用謀，不敢違卜，用大此遷都大業。賁，扶云反。嗚呼！邦伯、師長、百執事之人，尚皆隱哉！國伯，二伯及州牧也。衆長，公卿也。言當庶幾相隱括共爲善政。長，丁丈反，注同。予其懋簡相爾，念敬我衆。簡，大；相，助也。勉大助汝，念敬我衆民。相，息亮反。朕不肩好貨，敢恭生生；鞠人謀人之保居，敘欽。肩，任也。我不任好貨之人，敢奉用進進於善者。人之窮困能謀安其居者，則我式敘而敬之。好，呼報反。任，而林反。今我既羞告爾于朕志若否，罔有弗欽！已進告汝之後，順於汝心與否，當以情告我，無敢有不敬。告，故毒反。無總于貨寶，生生自

庸無總貨寶以求位當進進皆自用功德式敷民德永肩一心用布示民必以德義長任一心以事君

說命上第十二　商書　孔氏傳

高宗夢得說盤庚弟小乙子名武丁德高可尊故號高宗夢得賢相其名曰說○說本又作兌音悅注及下篇同○相息亮反下同使百工營求諸野得諸傅巖使百官以所夢之形象經營求之於外野得之於傅巖之谿作說命三篇命說為相使攝政說命始求得而命之

王宅憂亮陰三祀陰默也居憂信默三年不言○亮本又作諒如字又力章反既免喪其惟弗言除喪猶不言政群臣咸諫于王曰嗚呼知之曰明哲明哲實作則知事則為明智明智則能制作法則○哲本又作喆天子惟君萬邦百官承式天下待令百官仰法王言惟作命不言臣下罔

稟令稟受令亦命也王庸作書以誥曰以台正于四方惟

恐德弗類茲故弗言用臣下怪之故作誥類善也我正四方恐德不善此故不言誥故報反台音怡

恭默思道夢帝賚予良弼其代予言夢天與我輔弼良佐將代我言政教

賚力代反徐音來乃審厥象俾以形旁求于天下審所夢之人刻其形象以四方

旁求之於民間俾必爾反說築傅巖之野惟肖傅氏之巖在虞虢之界通道所經有澗水壞道

常使胥靡刑人築護此道說賢而隱代胥靡築之以供食肖似似所夢之形肖音笑虢寡白反壞音怪供音恭爰立作

相王置諸其左右於是禮命立以為相使在左右命之曰朝夕納誨

以輔台德言當納諫誨直辭以輔我德朝張遙反若金用汝作礪鐵須礪以成利器礪

力世反若濟巨川用汝作舟楫渡大水待舟楫楫音接徐音集若歲大

旱用汝作霖雨霖三日雨以救旱啓乃心沃朕心若藥弗瞑

眩厥疾弗瘳開汝心以沃我心如服藥必瞑眩極其病乃除欲其出切言以自警瞑莫遍反眩玄遍反徐又乎縣反瞑眩困極也瘳勑留反警音景若跣弗視地厥足用傷跣必視地足乃無害言欲使爲己視聽跣先典反徐七顯反爲于僞反惟暨乃僚罔不同心以匡乃辟與汝並官皆當倡率無不同心以匡正汝君辟必亦反俾率先王迪我高后以康兆民言匡正汝君使循先王之道蹈成湯之蹤以安天下嗚呼欽予時命其惟有終敬我是命修其職使有終說復于王曰惟木從繩則正后從諫則聖言木以繩直君以諫明后克聖臣不命其承君能受諫則臣不待命其承意而諫之疇直由反敢不祗若王之休命言王如此誰敢不敬順王之美命而諫者乎

說命中第十三　商書　孔氏傳

惟說命總百官在冢宰之任總音揔乃進于王曰嗚呼明王奉

若天道建邦設都天有日月北斗五星二十八宿皆有尊卑相正之法言明王奉順此道以立國設都

樹后王君公承以大夫師長言立君臣上下將陳爲治之本故先舉其始王于方

反長丁丈反治直吏反下同不惟逸豫惟以亂民不使有位者逸豫民上言立之主使治民

[illegible]羊憲反惟天聰明惟聖時憲惟臣欽若惟民從乂憲法也言

聖王法天以立教臣敬順而奉之民以從上爲治從才容反惟口起羞惟甲冑起戎甲鎧

冑兜鍪也言不可輕教令易用兵冑直又反鎧苦代反兜丁侯反鍪莫侯反易以豉反惟衣裳在笥惟

干戈省厥躬言服不可加非其人兵不可任非其才笥息嗣反省息井反一本作眚王惟戒

茲允茲克明乃罔不休言王戒慎此四惟之事信能明政乃無不美惟治亂

在庶官言所官得人則治失人則亂官不及私昵惟其能不加私昵惟能是官

昵女乙反爵罔及惡德惟其賢不加惡德惟賢慮善以動動惟厥

時以善非不可動 有其善喪厥善矜其能喪厥功雖天子亦必讓以得

之喪息浪反 惟事事乃其有備有備無患事事非一事 無啓寵

納侮開寵非其人則納侮之道 無恥過作非恥過誤而文之遂成大非 惟厥攸居

政事惟醇其所居行皆如所言則王之政事醇粹醇音純粹雖遂反 黷于祭祀時謂弗

欽禮煩則亂事神則難祭不欲數數則黷黷則不敬事神禮煩則乱而難行高宗之祀特豐

數近廟故說因以戒之黷徒木反數色角反 王曰旨哉說乃言惟服言美也美其所言皆

可服行 乃不良于言予罔聞于行汝若不善於所言則我無聞於所行之事 說

拜稽首曰非知之艱行之惟艱言知之易行之難以勉高宗 王忱

不艱允協于先王成德王心誠不以行之爲難則信合於先王成德忱市林反 惟

說不言有厥咎王能行善而說不言則有其咎罪

說命下第十四　　商書　　孔氏傳

王曰：來汝說，台小子舊學于甘盤。學先王之道。甘盤，殷賢臣有道德者。○台音怡。既乃遯于荒野，入宅于河。既學而中廢業，遯居田野。河，洲也。其父欲使高宗知民之艱苦，故使居民間。○遯，徒頓反。自河徂亳，暨厥終罔顯。自河往居亳，與今其終，故遂無顯明之德。爾惟訓于朕志。言汝當教訓於我，使我志通達。若作酒醴，爾惟麴櫱。酒醴須麴櫱以成，亦言我須汝以成。○麴，起六反。櫱，魚列反。若作和羹，爾惟鹽梅。鹽鹹梅醋，羹須鹹醋以和之。○羹音庚，一音衡。鹽，余廉反。梅亦作楳。醋，七故反。和如字，又胡臥反。爾交修予，罔予棄，予惟克邁乃訓。交非一之義。邁，行也。言我能行汝教。說曰：王，人求多聞，時惟建事，學于古訓乃有獲。王者求多聞以立事，學於古訓乃有所得。事不師古，以克永世，匪說攸聞。事不法古訓而以能長世，非說所聞，言無是道。惟學遜志。務時敏。厥修乃來。學以順志務是敏疾其德之修乃來允懷于茲道積于厥躬。信懷此學志則道積於其身惟斆學半。念終始典于學厥德修罔覺。斆教也教然後知所困是學之半終始常念學則其德之修無能自覺斆户孝反監于先王成憲。其永無愆。愆過也視先王成法其長無過其惟學乎愆起虔反惟說式克欽承。旁招俊乂。列于庶位。言王能志學說亦用能敬承王志廣招俊乂使列衆官俊本又作畯王曰。嗚呼。說。四海之內。咸仰朕德。時乃風。風教也使天下皆仰我德是汝教仰如字徐五亮反股肱惟人。良臣惟聖。手足具乃成人有良臣乃成聖昔先正保衡。作我先王。保衡伊尹也作起正長也言先世長官之臣長丁丈反下同乃曰。予弗克俾厥后惟堯舜。其心愧恥。若撻于市。言伊尹不能使其君如堯舜則恥之若見撻于市故成其能俾必爾反撻他達反一夫不獲。則曰時予之辜（伊尹見一夫不得其所則以為己罪）佑我烈祖格于皇天（言以此道左右成湯至天無能及者）爾尚明保予罔俾阿衡專美有商（汝庶幾明安我事則與伊尹同美　阿烏何反）惟后非賢不乂惟賢非后不食（言君須賢治賢須君食　治直吏反）其爾克紹乃辟于先王永綏民（能繼汝君於先王長安民則汝亦有保衡之功　辟必亦反）說拜稽首曰敢對揚天子之休命（對荅也荅受美命而稱揚之）

高宗肜日第十五　商書　孔氏傳

高宗祭成湯有飛雉升鼎耳而雊（耳不聰之異雊鳴　雊工豆反　雊古豆反）祖己訓諸王（賢臣也以訓道諫王　己音紀）作高宗肜日高宗之訓（所以訓也）

高宗肜日（祭之明日又祭殷曰肜周曰繹　繹音亦字書作[illegible]音[illegible]　肜[illegible]爾雅云[illegible]反[illegible]也周曰繹商曰肜夏曰[illegible]）

[illegible]日越[illegible]雉異祖己曰惟先格王正

厥事言至道之王遭變異正其事而異自消乃訓于王曰惟天監下民典

厥義祖己既言遂以道訓諫王言天視下民以義為常降年有永有不永非天

夭民民中絕命言天之下年与民有義者長無義者不長非天欲夭民民自不修義以致絕命令丁仲反又如

字民有不若德不聽罪天既孚命正厥德不順德言無義不服罪不改修天已信命正其德謂有永有不永乃曰其如台祖己恐王未受其言故乃復曰天道其如

我所言台音怡嗚呼王司敬民罔非天胤典祀無豐于

昵胤[illegible]嗣昵近也歎以感王入其言王者主民當以敬民事民無非天所嗣常也祭祀有常不當特豐於近廟欲王因異服罪改修

豐芳弓反昵女乙反尸子云不避遠昵昵近也又乃禮反馬云昵考也謂禰廟也

西伯戡黎第十六　商書　孔氏傳

殷始咎周咎惡也其九反馬云咎周者爲周所咎周人乘黎乘勝也所以見下黎力兮反国名尚書大傳首

祖伊恐祖己後賢臣奔告于受受紂也音相乱帝乙之子嗣立暴虐無道受如字傳云受紂也音相乱馬云受讀曰紂或曰受婦婦之言故號曰受也

作西伯戡黎戡可勝也戡亦作𢧢音堪說文作𢧢云殺也以此戡訓刺音竹亖反勝詩證反

西伯戡黎西伯既戡黎近王圻之諸侯在上黨東北近附近之近圻巨依反

祖伊恐奔告于王曰天子天既訖我殷命文王率諸侯共事紂窺觀事紂內秉王心布德行威有將王之意紂不能制日益強大今又克有黎國迫近王圻似有于助之力故知天已畢訖殷之王命言殷祚終至此而暴將欲化爲周王于况反下注宜王者同

格人元龜罔敢知吉至人以人事觀殷大龜以神靈考之皆無知吉非先王不相我後人惟

王淫戲用自絕非先祖不助子孫以王淫過戲怠用自絕於先王相息亮反

故天棄我不有康食不虞天性不迪率典以紂自絕於先王故天亦棄之宗廟不有安食於天下

一三九

……度……天性命所……我民罔……各……

……汝言多罪【度】……

喪曰……降威大命不摯今王其如台摯至也民無不欲王之亡言天何不下罪誅命宜王者何以不至王之凶害其……我所言【摯】音至本又作摯

王曰嗚呼我生不有命在天言我生有壽命在天民之所言豈能害我遂惡之辭祖伊反曰嗚呼乃罪多參在上乃能責命于天反報紂也言汝罪衆參列於上天天誅罰汝汝能責命于天拒天誅乎【參】七南反馬云參字累在上

殷之即喪指乃功不無戮于爾邦言殷之亡指汝功事所致汝不得無死戮於殷國必將滅亡立可待

微子第十七

商書　孔氏傳

殷既錯天命錯亂也【錯】七各反馬云廢也微子作誥父師少師告二師而去紂【少】詩照反

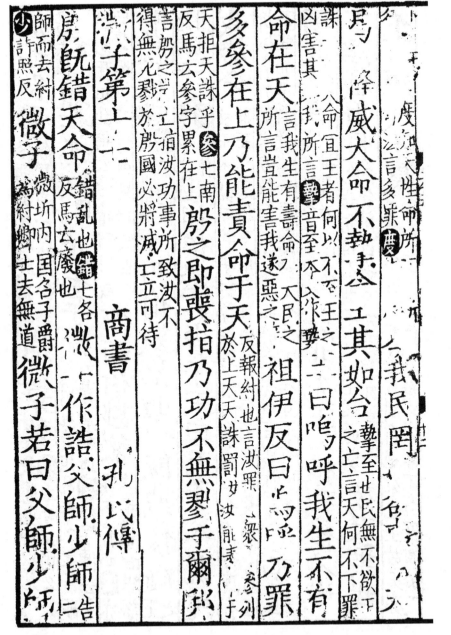

微子微圻内國名子爵為紂卿士去無道微子若曰父師少師

父師太師三公箕子也少師孤卿比干微子以紂距諫知其必亡順其事而言之殷其弗或亂正四方或有也言殷其不有治正四方之事將必亡 治直吏反 我祖厎遂陳于上言湯致遂其功陳列于上

我用沈酗于酒用亂敗厥德于下 沈直金反 酗況具反以酒爲凶曰酗 酗云酒 湎面善反 醟音詠說文于命反酗

殷罔不小大好草竊姦宄草野竊盜又爲姦宄於外內 好呼報反 宄音軌 卿士師師非度凡有辜罪乃罔恒獲六卿典士相師效爲非法度有辜罪无秉常得中

小民方興相爲敵讎卿士既亂而小人各起一方共爲敵讎言不和同 讎市周反 今殷其淪喪若涉大水其無津涯言殷將沒亡如涉大水無涯際無所依就 淪音倫 喪息浪反 涯宜佳反

殷遂喪越至于今言遂喪亡於是至於今到不待久曰

師　我　發出　耄遜于

耄亂□□以遯出於荒野言愁悶【出】尺遂反 故欲遯□□王問【遯】徒困反徐徒遜反 一音都困反 今爾無指
告予顛隮若之何其 汝無指意告我殷邦顛隕隮如之何其救之【隮】子細反王篇子兮反切
詐、且□反【隕】于敏反 父師若曰王子 比干不見明心同省文微子帝乙元子故曰王子【見】賢遍反【省】所景
反 天毒降災荒殷邦方興沈酗于酒 天生紂爲亂是天毒下災四方化紂
沈湎不可如何 乃罔畏畏咈其耈長舊有位人 言起沈湎上不畏天災下不畏賢人
違戾耈老之長致仕之賢不用其教法紂故【咈】扶勿反【耈】工口反【長】丁丈反注同 今殷民乃攘竊神
祇之犧牷牲用以容將食無災 自來而取曰攘色純曰犧體完曰牷牛羊豕曰
牲器實曰用盜天地宗廟牲用相容行食之無災罪之者言政亂【攘】如羊反因來而取曰攘竊馬云往盜曰竊神祇天曰神地曰祇
【犧】許宜反【牷】音全 降監殷民用乂讎斂召敵讎不怠 下視殷民所用治者
皆重賦傷民斂聚怨讎之道而又亟行暴虐自召敵讎不解怠【讎】如字下同徐云鄭音疇馬本作稠云數也【斂】力檢反馬鄭力豔反

尚書卷第六　泰誓上第一　周書　孔氏傳

惟十有一年武王伐殷周自虞芮質厥成諸侯並附以爲受命之年至九年而文王卒武王三年服畢觀兵孟津以卜諸侯伐紂之心諸侯僉同乃退以示弱芮如銳反虞芮二國名僉七廉反一月戊午師渡孟津十三年正月二十八日更與諸侯期而共伐紂孟津地名也作泰誓三篇渡津乃作

泰誓大會以誓衆惟十有三年春大會于孟津三分二諸侯及諸戎狄此周之孟春惟十有三年春或作十有一年後人妄看序文輒改之王曰嗟我友邦冢君越我御事庶士明聽誓冢大御治也友諸侯親之稱大君尊之下及我治事衆士大小無不皆明聽誓惟天地萬物父母惟人萬物之靈生之謂父母靈神也天地所生惟人爲貴亶聰明作元后元后作民父母人誠聰明則爲大君而爲衆民父母亶丁但反今商王受弗敬上天降災下民沈湎冒色

□□泰誓上 沈湎嗜酒冒乱女色敢行酷暴虐殺無辜□□□ 反冒莫報反注下同暴□□□□□頡常利反□□

毒反 罪人以族官人以世 一人有罪刑及父母兄弟妻子淫濫官人不以賢才而以父兄所

以政乱 惟宮室臺榭陂池侈服以殘害于爾萬姓 土高

曰臺有木曰榭澤障曰陂停水曰池侈謂服飾過制言匱民□爲奢麗 榭爾雅云有木曰榭本又作謝 陂彼皮反 障之亮反□□

媿反 焚炙忠良刳剔孕婦 忠良無罪焚炙之懷子之婦刳剔視之言暴虐 刳口胡反 剔他歷反

孕以證反徐養證反 皇天震怒命我文考肅將天威大勳未集

言天怒紂之惡命文王敬行天罰功業未成而崩 肆予小子發以爾友邦冢君

觀政于商 父業未就之故故我與諸侯觀紂政之善惡謂十一年自孟津還時 惟受罔有悛

心乃夷居弗事上帝神祇遺厥先宗廟弗祀 悛改也言

紂縱惡無改心平居無故廢天地百神宗廟之祀慢之甚 悛七全反 犧牲粢盛既于凶盜 凶人

盡盜食之而紂不罪粢音咨黍稷曰粢盛音成在器曰盛乃曰吾有民有命罔懲其侮紂言吾所以有兆民有天命故群臣畏罪不爭無能止其慢心懲直承反爭爭鬬之爭天佑下民作之君作之師言天佑助下民爲立君以政之爲立師以教之爲于僞反惟其克相上帝寵綏四方當能助天寵安天下相息亮反有罪無罪予曷敢有越厥志越遠也言己志欲爲民除惡是與否不敢遠其志否方有反同力度德同德度義力鈞則有德者勝德鈞則秉義者強揆度優劣勝負可見度徒洛反下注同受有臣億萬惟億萬心人執異心不和諧億十萬曰億予有臣三千惟一心三千一心言同商罪貫盈天命誅之予弗順天厥罪惟鈞紂之爲惡一以貫之惡貫已滿天畢其命今不誅紂則爲逆天與紂同罪貫古亂反予小子夙夜祗懼受命文考類于上帝宜于冢土以爾有衆底天之罰以今

曰宜冢土社也言我畏天之威告文王廟以[illegible]類告天祭社[illegible]用汝衆致天罰於紂 類師祭 冢中勇反 [illegible]復反 天矜于民民之所欲天必從之矜憐也言天除惡樹善與民同 從才容反爾尚弼予一人永清四海穢惡除則四海長清時哉弗可失言今我伐紂正是天人合同之時不可違失

泰誓中第二　周書　孔氏傳

惟戊午王次于河朔次止也戊午渡河而誓既誓而止於河之北群后以師畢會諸侯盡會次也王乃徇師而誓曰嗚呼西土有衆咸聽朕言徇循也武王在西故稱西土 徇似俊反字詁云徇巡也我聞吉人為善惟日不足凶人為不善亦惟日不足言吉人渴日以為善凶人亦渴日以行惡 渴苦曷反又苦蓋反今商王受力行無度行無法度渴日不足故曰力行播棄犂老

老眤比罪人鮐背之耇稱犂老布棄不禮敬眤近罪人謂天下逋逃之小人犂力私反又力兮反眤女乙反
耇音苟反鮐他來反又音怡魚名逋布吳反淫酗肆虐臣下化之過酗縱虐以酒成惡臣下
化之言罪同酗況付反朋家作仇脅權相滅無辜籲天穢德彰
聞臣下朋黨自為仇怨脅上權命以相誅滅籲呼也民皆呼天告冤無辜紂之穢德彰聞天地言罪惡深脅虛業反籲音喻穢於
發反惟天惠民惟辟奉天言君天下者當奉天以愛民辟必亦反有夏桀弗
克若天流毒下國桀不能順天流毒虐於下國萬民言凶害天乃佑命成湯
降黜夏命言天助湯命使下退桀命惟受罪浮于桀浮過剝喪元
良賊虐諫輔剝傷害也賊殺也元善之長良善以諫輔紂紂反殺之喪息浪反長丁丈反謂己
有天命謂敬不足行謂祭無益謂暴無傷言紂所以罪過
於桀己音紀厥監惟不遠在彼夏王其視紂與桀同罪言必誅之天其以予

乂民以我治民當除惡朕夢協朕卜襲于休祥戎商必克言我夢與卜俱合於美善以兵誅紂必克之占受有億兆夷人離心離德夷平凡人也雖多而執心用惪不同予有亂臣十人同心同德我治理之臣雖少而心德同十人周公旦召公奭太公望畢公榮公太顛閎夭散宜生南宮适及文母治直吏反雖有周親不如仁人周至也言紂至親雖多不如周家之多仁人天視自我民視天聽自我民聽言天因民以視聽民所惡者天誅之惡烏路反音如字百姓有過在予一人已能無惡于民民之有過在我教不至今朕必往我武惟揚侵于之疆揚舉也言我舉武事侵入紂郊疆伐之疆居良反取彼凶殘我伐用張于湯有光桀流毒天下湯黜其命紂行凶殘之德我以兵取之伐之道張設比於湯又有光明勖哉夫子罔或無畏寧執非敵勖勉也夫子謂將士無敢有無畏之心寧執非敵之志伐之則克矣勖許玉反下同將子匠反下篇注同

百姓懍懍若崩厥角言民畏紂之虐危懼不安若崩摧其角無所容頭懔力甚反嗚呼乃一德一心立定厥功惟克永世汝同心立功則能長世以安民

泰誓下第三　周書　孔氏傳

時厥明王乃大巡六師明誓衆士是其戊午明日師出以律三申令之重難之義與……已夫反已上令力政反重直用反長丁丈反已……以上時掌反王曰嗚呼我西土君子天有顯道厥類惟彰言天有明道其義類惟明言王所宜法則今商王受狎侮五常荒怠弗敬輕狎五常之教侮慢不行大爲怠惰不敬天地神明惰徒臥反自絕于天結怨于民不敬天自絕之酷虐民結怨之斮朝涉之脛剖賢人之心冬月見朝涉水者謂其脛耐寒斬而視之比干忠諫謂其心異於人剖而觀之酷虐之甚斮側略反……士略反朝陟遙反脛戶定反剖普口反耐乃代反作威殺戮毒痛四海……痛……徐……害所及……敷……

[illegible]反崇信姦回放黜師保回邪也姦[illegible]之人反尊[illegible]之可法以安者反放[illegible]之邪似嗟反屏
棄典刑囚奴正士屏棄常法而不顧箕子正諫而以爲囚奴郊社不修宗廟
不享作奇技淫巧以悅婦人言紂廢至尊之敬營卑褻惡事作過制技巧以[illegible]
悅婦人技其綺反褻息列反上帝弗順祝降時喪祝斷也天惡紂逆道斷絕其命故下
是喪亡之誅喪蘇浪反斷丁管反惡烏路反爾其孜孜奉予一人恭行天罰
孜孜勸勉不怠孜音咨古人有言曰撫我則后虐我則讎武王述古
言以明義言非惟今惡紂獨夫受洪惟作威乃汝世讎言獨夫失君道也大作威
殺無辜乃是汝累世之讎明不可不誅樹德務滋除惡務本立德務滋長去惡務除本言紂
爲天下惡本肆予小子誕以爾衆士殄殲乃讎言欲行除惡之義絕[illegible]紂
殄徒典反殲子廉反爾衆士其尚迪果毅以登乃辟迪進也殺敵爲果致果爲

毅登成也成汝君之功【毅】牛既反 功多有厚賞不迪有顯戮 賞以勸之戮以威之

嗚呼惟我文考若日月之照臨光于四方顯于西土 行父以感無也言其明德充塞四方明著岐周 惟我有周誕受多方 言文王德大故受眾方之國三分天下而有其二 予克受非予武惟朕文考無罪 推功於父

言文王無罪於天下故天佑之我盡其節 受克予非朕文考有罪惟予小子無良 若紂克我非我父罪我之無善之致

牧誓第四

周書 孔氏傳

武王戎車三百兩 兵車百夫長所載車稱兩一車步卒二人凡三萬一千人舉全數【車】音居釋名云古者聲如居所以居人也今曰車聲近舍車舍也韋昭辯釋名云古 尺遮反從漢始有音居【長】丁丈反【卒】子忽反 虎賁三百人 勇士稱也若虎賁獸言其猛也皆百夫長【賁】音奔【稱】尺證反 與受戰于牧野

作牧誓（至牧地而誓衆【牧】如字徐一音茂說文作坶云地名在朝歌南七十里字林音母）

牧誓

時甲子昧爽（是克紂之月甲子之日二月四日昧爽早旦【昧】音妹爽明也昧爽謂早旦也馬云昧未旦也）王朝至于商郊牧野乃誓（紂近郊三十里地名牧癸亥夜陳甲子朝誓將與紂戰【陳】直刃反）王左杖黃鉞右秉白旄以麾曰逖矣西土之人（鉞以黃金飾斧左手杖鉞示無事於誅右手把旄示有事於教逖遠也遠矣西土之人勞苦之【杖】徐直亮反【鉞】音越說文作戉【旄】音毛馬云白旄旄牛尾【麾】許危反【逖】他歷反）王曰嗟我友邦冢君（同志為友言志同滅紂）御事司徒司馬司空（治事三卿司徒主民司馬主兵司空主土指誓戰者）亞旅師氏（亞次旅衆也衆大夫其位次卿師氏大夫以兵守門者）千夫長百夫長（師帥卒帥【帥】色類反下同）及庸蜀羌髳微盧彭濮人（八國皆蠻夷戎狄屬文王者國名羌在西蜀叟髳微在巴蜀盧彭在西北庸濮在江漢之南【羌】徐起良反說文云西戎牧羊人【髳】茂侯反【濮】音卜【叟】所求反又蘇走反）稱爾戈比爾

干，立爾矛，予其誓。稱，舉也。戈，戟；干，楯也。比，徐扶志、毗志二反。楯，食準反，又音允。王曰：「古人有言曰：『牝雞無晨。言無晨鳴之道。牝，頻引反，徐扶忍反。牝雞之晨，惟家之索。索，盡也。喻婦人知外事，雌代雄鳴則家盡，婦奪夫政則國亡。索，西各反。』今商王受惟婦言是用，妲己惑紂，紂信用之。妲，丹達反。己，音紀，紂妻也。昏棄厥肆祀弗荅，昏，乱；肆，陳；荅，當也。乱棄其所陳祭祀，不復當享鬼神。復，扶又反。昏棄厥遺王父母弟不迪，王父，祖之昆弟。母弟，同母弟。言棄其骨肉，不接之以道。乃惟四方之多罪逋逃，是崇是長，言紂棄其賢臣，而尊長逃亡罪人，信用之。是信是使，是以爲大夫卿士，士，事也。用爲卿大夫，典政事。俾暴虐于百姓，以姦宄于商邑。使四方罪人暴虐姦宄於都邑。俾，必爾反，使也。徐甫婢反，下同。宄，音軌。今予發惟恭行天之罰。今日之事，不愆于六步七步，乃止齊焉。今日戰事，就敵不過六步

步乃止相齊言當旅進一心愆去虔反夫子勖哉不愆于四伐五伐六伐

七伐乃止齊焉夫子謂將士勉勵之伐謂擊刺少則四五多則六七以爲例勖許玉反刺七亦反勖

哉夫子尚桓桓桓桓武貌如虎如貔如熊如羆于商郊

貔執夷虎屬也四獸皆猛健欲使士衆法之奮擊於牧野貔音毗羆彼皮反爾雅云羆如熊黃白文弗迓克奔

以役西土商衆能奔來降者不迎擊之如此則所以役我西土之義迓五嫁反又作禦禁也馬云役爲也爲于僞反

勖哉夫子爾所弗勖其于爾躬有戮臨敵所安汝不勉則於汝身有

戮矣

武成第五

周書　孔氏傳

武王伐殷往伐歸獸往誅紂克定偃武修文歸馬牛于華山桃林之牧也獸徐始售反本或作

嘼許救反識其政事記識殷家政教善事以爲法作武成武功成文事修武成文王

一五四

受命有此武功成於克商惟一月壬辰旁死魄此本說始伐紂時一月周之正月旁近也月二日近死魄〔旁〕步光反〔魄〕普白反說文作霸匹革反云月始生魄然貌近附近之近越翼日癸巳王朝步自周于征伐商翼明步行也武以正月三日行自周往征伐商一十八日渡孟津厥四月哉生明王來自商至于豐其四月哉始也始生明月三日與死魄互言〔哉〕徐音載〔豐〕芳弓反文王所都也乃偃武修文倒載干戈包以虎皮示不用行禮射設庠序修文教歸馬于華山之陽放牛于桃林之野示天下弗服山南曰陽桃林在華山東皆非長養牛馬之地欲使自生自死示天下不復乘用〔華〕胡化胡瓜二反華山在恒農〔長〕丁丈反〔復〕扶又反丁未祀于周廟邦甸侯衛駿奔走執豆籩四月丁未祭告后稷以下文考文王以上七世之祖駿大也邦國甸侯衛服諸侯皆大奔走於廟執事〔駿〕荀俊反〔豆〕本又作梪〔籩〕音邊〔上〕時掌反越三日庚戌柴望大告武成燔柴郊天望祀山川先祖後郊自近始〔燔〕音煩既生

庶邦〻君暨百工受命于周 生明死〻五〻之〻〻侯與百官受政命於〻
閼〻一〻〻之眞器反 王若曰嗚呼群后 順其〻祖〻業歎美〻侯 惟先王建
邦啓土 謂后稷也尊〻祖故稱先王 公劉克篤前烈 后稷〻曾孫公劉〻能厚先人之〻業
至于大王肇基王迹王季其勤王家 大王修德以〻〻齊商人始王業
之肇迹王季纘統其業乃勤立王家 音兆 王 迹上于況反又如字注王業王功同 大 音太 肇 我文考文王
克成厥勳誕膺天命以撫方夏 言我文德之父能成〻王功大當天命以撫綏〻
四方中夏 大邦畏其力小邦懷其德 〻天下諸侯大者畏威小者懷德是文王威德
之大 惟九年大統未集 言諸侯歸之〻年而卒故大〻不就 予小子其〻〻
厥志 言承文王本意 底商之罪告于皇天后土所過〻山大
川 致商之罪謂伐紂之時后土社也名山華岳大川河 底 之履反 曰惟有道曾孫周王發

將有大正于商告天地山川之辭大正以兵征之今商王受無道無道德暴殄天物害虐烝民暴絶天物言逆天也逆天虐民所以爲無道烝之承反爲天下逋逃主萃淵藪逋亡也天下罪人逃亡者而紂爲魁主窟聚淵府藪澤言大姦萃在醉反藪素口反魁苦回反窟口忽反予小子既獲仁人敢祗承上帝以遏亂略仁人謂太公周召之徒略路也言誅紂敬承天意以絶亂路遏烏末反召上照反本又作邵華夏蠻貊罔不率俾恭天成命冕服采章曰華大國曰夏及四夷皆相率而使奉天成命貊亡白反俾必爾反肆予東征綏厥士女此謂十一年會孟津還時惟其士女篚厥玄黃昭我周王言東國士女筐篚盛其絲帛奉迎道次明我周王爲之除害篚[illegible]尾反爲于僞反天休震動用附我大邑周天之美應震動民心故用依附我周應應對之應惟爾有神尚克相予以濟兆民無作神羞庶幾助我渡民危害無爲神羞辱相息亮反旣

戊午師逾于孟津癸亥陳于商郊俟天休命自河至朝歌出四百里五日而至赴敵宜速待天休命謂夜雨止畢陳逾亦作踰陳直刃反注同徐音陣甲子昧爽受率其旅若林會于牧野旅衆也如林言盛多會逆距戰罔有敵于我師前徒倒戈攻于後以北血流漂杵紂衆服周仁政無有戰心前徒倒戈自攻于後以北走血流漂舂杵甚之言倒丁老反漂匹妙反徐敷妙反又匹消反杵昌呂反一戎衣天下大定衣服也一著戎服而滅紂言與衆同心動有成功著張略反乃反商政政由舊反紂惡政用商先王善政釋箕子囚封比干墓式商容閭皆武王反紂政囚奴徒隸封益其土商容賢人紂所貶退式其閭巷以禮賢散鹿臺之財發鉅橋之粟紂所積之府倉皆散發以賑貧民散西旦反大賚于四海而萬姓悅服施舍已責救乏之賙無所謂周有大賚天下皆悅仁服德賚力代反徐音來已音以責側界反賙音周本亦作周列爵惟五即所識政事而共之爵五

等。公侯伯子男。分土惟三，列地封國，公侯方百里，伯七十里，子男五十里，爲三品。建官惟賢，立官以官賢才。位事惟能。居位治事，必任能事。重民五教，所重在民，五常之教。惟食喪祭，民以食爲命，喪禮篤親愛，祭祀崇孝養，皆聖王所重。養，羊亮反。惇信明義，使天下厚行信，顯忠義。崇德報功，有德尊以爵，有功報以禄。垂拱而天下治。言武王所修皆是，所任得人，故垂拱而天下治。任，而鴆反。治，直吏反。

尚書卷第六

尚書卷第六

尚書卷第七

洪範第六　周書　孔氏傳

武王勝殷殺受立武庚（不放而殺紂自焚也武庚紂子以爲王者後一名祿父勝商證反父音甫）以箕子歸作洪範（歸鎬京箕子作之範音范鎬胡老反本又作鄗武王所都也）

洪範（洪大範法也言天地之大法）惟十有三祀王訪于箕子（商曰祀箕子稱祀不忘本此年四月歸宗周先告武成次問天道）王乃言曰嗚呼箕子惟天陰騭下民相協厥居（騭定也天不言而默定下民是助合其居使有常生之資陰默也馬云覆也騭之逸反馬云升也升猶舉也舉猶生也相息亮反助也）我不知其彝倫攸敘（言我不知天所以定民之常道理次敘問何由彝以之反）箕子乃言曰我聞在昔鯀陻洪水汩陳其五行（陻塞汩亂也治水失道亂陳其五行鯀工本反陻音因汩工忽反行戶庚反）帝乃震怒不

畀洪範九疇彝倫攸斁畀與斁敗也天動怒鯀不與大法九疇疇類也故常道所以敗畀必二反徐甫至反注同斁多路反徐同路反鯀則殛死禹乃嗣興放鯀至死不赦嗣繼也廢父興子堯舜之道殛紀力反本或作極音同天乃錫禹洪範九疇彝倫攸敘天與禹洛出書神龜負文而出列於背有數至于九禹遂因而第之以成九類常道所以次序錫星歷反初一曰五行九類類一章以五行為始次二曰敬用五事五事在身用之必敬乃善次三曰農用八政農厚也厚用之政乃成馬云食為八政之首故以農名之次四曰協用五紀協和也和天時使得正用五紀次五曰建用皇極皇大極中也凡立事當用大中之道次六曰乂用三德治民必用剛柔正直之三德次七曰明用稽疑明用卜筮考疑之事次八曰念用庶徵次九曰嚮用五福威用六極言天所以嚮勸人用五福所以威沮人用六極此已上禹所第敘嚮許亮反一音許兩反沮在汝反上時掌反馬云從五行已

一六二

下至六極洛書文也漢書五行志以初一已下皆洛書本文也 一五行一曰水二曰火三
曰木四曰金五曰土 皆其生數 水曰潤下火曰炎上 言其自然
之常性炎榮鉗反上時掌反又如字下同 木曰曲直金曰從革 木可以揉曲直金可以改更揉如酉
反 土爰稼穡 種曰稼斂曰穡土可以種可以斂 潤下作鹹 水鹵所生鹹音咸鹵音魯
炎上作苦 焦氣之味 曲直作酸 木實之性 從革作辛 金之氣味 稼穡
作甘 甘味生於百穀五行以下箕子所陳 二五事一曰貌 容儀 二曰言 詞章 三曰
視 觀正視常止反注市止反 四曰聽 察是非 五曰思 心慮所行思如字又息吏反下同 貌
曰恭 儼恪恭儼魚檢反 言曰從 是則可從 視曰明 必清審 聽曰聰 必微諦聰
言市 思曰睿 必通於微睿悅歲反馬云通也 恭作肅 心敬 從作乂 可以治 明
作哲 照了哲之舌反徐丁列反又之世反 聰作謀 所謀必成當當丁浪反 睿作聖 於事

謂之聖三八政一曰食勤農業二曰貨寳用物三曰祀敬鬼
神以成教四曰司空主空土以居民五曰司徒主徒衆教以禮義六曰司
寇主姦盜使無縱縱子用反或作從七曰賓禮賓客無不敬八曰師簡師所任必良士卒
以練卒子忽反五紀一曰歲所以紀四時二曰月所以紀一月三曰日
所以紀一日四曰星辰二十八宿迭見以叙氣節十二辰以紀日月所會宿音秀迭田節反見賢遍反五
曰曆數曆數氣節之度以爲曆敬授民時五皇極皇建其有極大中之道大立其有
中謂行九疇之義斂時五福用敷錫厥庶民斂是五福之道以爲教用布與衆民使慕
之惟時厥庶民于汝極錫汝保極君上有五福之教衆民於君[illegible]與君以
安中之善言從化凡厥庶民無有淫朋人無有比德惟皇作
極民有安中之善則無淫過朋黨之惡比周之德惟天下皆大爲中正比毗志反注同凡厥庶民有猷

有爲有守，汝則念之。民戢有道有所爲有所執守汝則念録敘之不協于極，不罹于咎，皇則受之。凡民之行雖不合於中而不罹於咎惡者可進用大法受之【罹】馬力馳反又來多反【行】下孟反而康而色，曰予攸好德，汝則錫之福。汝當安汝顔色以謙下人人曰我所好者德汝則與之爵禄【好】呼報反【下】遐嫁反時人斯其惟皇之極。不合於中之人汝與之福則是人此其惟大之中言可勉進無虐煢獨而畏高明。煢單無兄弟也無子曰獨單獨者不侵虐之寵貴者不枉法畏之【無虐】馬本作亡侮【煢】岐扃反畏如字徐云鄭音威人之有能有爲，使羞其行，而邦其昌。功能有爲之士使進其所行汝國其昌盛【行】如字徐下孟反凡厥正人，既富方穀，凡其正直之人既當以爵禄富之又當以善道接之汝弗能使有好于而家，時人斯其辜。不能使正直之人有好於國家則是人斯其詐取罪而去于其無好德，汝雖錫之福，其作汝用咎。於其無好德之人汝雖與之爵禄其

所惡道以敗
洪為于偽反

無偏無陂，遵王之義。偏，不平；陂，不正。言當循先王之正義以治民。陂音祕，舊本作頗，音普多反。無有作好，遵王之道；無有作惡，遵王之路。言無有亂為私好惡，動必循先王之道路。好，呼報反。惡，烏路反，注同。無偏無黨，王道蕩蕩；言開闢。闢，婢亦反。無黨無偏，王道平平；言辯治。平，婢緜反。治，直吏反。無反無側，王道正直。言所行無反道不正，則王道平直。會其有極，歸其有極。言會其有中而行之，則天下皆歸其有中矣。曰皇極之敷言，是彝是訓，于帝其訓。曰者，大其義。言以大中之道布陳言教，不失其常，則人皆是順矣。天且其順，而況于人乎。凡厥庶民，極之敷言，是訓是行，以近天子之光。凡其衆民，中心之所陳言，凡順是行之，則可以近益天子之光明。近，附近之近。曰天子作民父母，以為天下王。言天子布德惠之教，為兆民之父母，是為天下所歸往，不可不務。六三德：一曰正直，能正人之宜二曰剛克剛能立事馬云克勝也三曰柔克和柔能治三者皆德平康正直世平安用正直治之彊弗友剛克友順也世彊禦不順以剛能治之禦魚呂反治直吏反燮友柔克燮和也世和順以柔能治之燮息協反沈潛剛克沈潛謂地雖柔亦有剛能出金石高明柔克高明謂天言天爲剛德亦有柔克不干四時喻臣當執剛以正君君亦當執柔以納臣惟辟作福惟辟作威惟辟玉食言惟君得專威福爲美食辟徐補亦反張晏注漢書云玉食珍食也韋昭云諸侯備珍異之食臣無有作福作威玉食臣之有作福作威玉食其害于而家凶于而國人用側頗僻民用僭忒在位不敦平則下民僭差頗普多反辟匹亦反僭子念反忒他得反馬云惡也七稽疑擇建立卜筮人龜曰卜蓍曰筮考正疑事當選擇知卜筮人而建立之蓍音尸乃命卜筮建立其人命以其職曰雨曰霽龜兆形有似雨者有似雨止者霽子細反曰蒙蒙陰闇蒙武工反又徐亡鉤反

驛落驛不連屬驛音亦注同曰克非相交錯五者兆之常法曰貞曰悔內卦曰貞外卦
曰悔凡七卜筮之數卜五占用二衍忒立時人作卜筮三人
占則從二人之言立是知卜筮人使爲卜筮之事夏殷周卜筮各異三法並卜從二人之言善鈞從衆
卜筮各三人馬云占筮也汝則有大疑謀及乃心謀及卿士謀及
庶人謀及卜筮將舉事而汝則有大疑先盡汝心以謀慮之次及卿士衆民然後卜筮以決之汝則
從龜從筮從卿士從庶民從是之謂大同人心和順龜筮從之
是謂大同於吉身其康彊子孫其逢吉動不違衆故後世遇吉馬云逢大也汝則
從龜從筮從卿士逆庶民逆吉三從二逆中吉亦可舉事卿士從
龜從筮從汝則逆庶民逆吉君臣不同決之卜筮亦中吉庶民從
龜從筮從汝則逆卿士逆吉民與上異心亦卜筮以決之汝則從

龜從筮逆卿士逆庶民逆作内吉作外凶二從三逆龜筮相違故可以祭祀冠婚不可以出師征伐冠官喚反龜筮共違于人皆逆用靜吉用作凶安以守常則吉動則凶八庶徵曰雨曰暘曰燠曰寒曰風曰時雨以潤物暘以乾物燠以長物寒以成物風以動物五者各以其時所以爲衆驗暘音陽燠音于六反五者來備各以其叙庶草蕃廡言五者備至各以次叙則衆草蕃滋廡豐也蕃音煩廡亡甫反徐莫拉反一極備凶一極無凶一者備極過甚則凶一者極無不至亦凶謂不時失序曰休徵叙美行之驗行下孟反曰肅時雨若君行敬則時雨順之曰乂時暘若君行政治則時暘順之治直吏反下治其政治同曰哲時燠若君能照哲則時燠順之哲之設反徐音制又音折曰謀時寒若君能謀則時寒順之曰聖時風若君能通理則時風順之曰咎徵叙惡行之驗咎其九反曰狂恒雨若君行狂妄則常雨順之曰僭恒

若君行僭差則常暘順之曰豫恒燠若君行逸豫則常煖順之豫羊庶反徐又音舒曰急
恒寒若君行急則常寒順之曰蒙恒風若君行蒙闇則常風順之曰王省惟
歲王所省職兼所揔群吏如歲兼四時省悉井反卿士惟月卿士各有所掌如月之有別別彼列反師
尹惟日衆正官之吏分治其職如日之有歲月歲月日時無易各順常百穀
成乂用明歲月日時无易則百穀成君臣无易則政治明俊民用章家用平康賢臣顯用国家
平寧日月歲時既易是三者已易喻君臣易職百穀用不成乂用昏不
明俊民用微家用不寧君失其柄權臣擅命治闇賢隱国家乱庶民惟星
星有好風星有好雨星民象故衆民惟若星箕星好風畢星好雨亦民所好好呼報反日
月之行則有冬有夏日月之行冬夏各有常度君臣政治小大各有常法月之從
星則以風雨月經於箕則多風離於畢則多雨政教失常以從民欲亦所以亂九五福一

曰壽（百二十年）二曰富（財豐備）三曰康寧（無疾病）四曰攸好德（所好者德福之道）五曰考終命（各成其短長之命以自終不橫夭 橫華孟反又如字）六極一曰凶短折（動不遇吉短未六十折未三十言辛苦 凶馬云終也 折時設反一音之舌反）二曰疾（常抱疾苦）三曰憂（多所憂）四曰貧（困於財）五曰惡（醜惡）六曰弱（尪劣 尪烏黃反）

武王既勝殷邦諸侯班宗彝（賦宗廟彝器酒罇賜諸侯 班本又作般音同）作分器（言諸侯尊卑各有分也 分扶問反注同）

旅獒第七　周書　孔氏傳

西旅獻獒（西戎遠國貢大犬 獒五羔反馬云作豪酋豪也）太保作旅獒（召公陳戒 召時照反後召公皆放此）旅獒（因獒而陳道義）惟克商遂通道于九夷八蠻（四夷慕化貢其方賄九八言非一皆通道路無遠不服 賄呼罪反）西旅底貢厥獒（西戎之長）

貢其獒犬高四尺曰獒以□□獒之復反【長】丁丈反太保乃作旅獒用訓于王□

□夫以義□諫王曰嗚呼明王慎德四夷咸賓言明王慎德以懷遠故四夷皆賓服無有遠邇畢獻方物惟服食器用天下萬國無有遠近盡貢其方土所生之物惟可以供服食器用者言不爲耳目華侈【供】音恭【爲】于僞反【侈】昌氏反又式氏反王乃昭德之致于異姓之邦無替厥服德之所致謂遠夷之貢以分賜異姓諸侯使無廢其職分寶玉于伯叔之國時庸展親以寶玉分同姓之國是用誠信其親親之道人不易物惟德其物言物貴由人有德則物貴无德則物賤所貴在於德【易】以豉反德盛不狎侮盛德必自敬何狎易侮慢之有【易】以豉反狎侮君子罔以盡人心以虚受人則人盡其心矣【盡】津忍反下同狎侮小人罔以盡其力以悅使民民忘其勞則力盡矣不役耳目百度惟貞言不以聲色自役則百度正玩人喪德玩

物喪志以人爲戲弄則喪其德以器物爲戲弄則喪其志玩五亂反喪息浪反志以道寧言以道接在心爲志發氣爲言皆以道爲本故君子勤道不作無益害有益功乃成不貴異物賤用物民乃足遊觀爲無益奇巧爲異物言明王之道以德義爲益器用爲貴所以化俗生民觀官喚反犬馬非其土性不畜非此土所生不畜以不習其用畜許六反珍禽奇獸不育于國皆非所用有損害故不寶遠物則遠人格不侵奪其利則來服矣所寶惟賢則邇人安寶賢任能則近人安近人安則遠人安矣嗚呼夙夜罔或不勤言當早起夜寐常勤於德不矜細行終累大德輕忽小物積害毀大故君子慎其微行下孟反累劣僞反爲山九仞功虧一簣八尺曰仞喻向成也未成一簣猶不爲山故曰功虧一簣是以聖人乾乾日昃慎終如始仞音刃字又作刃一云八尺曰仞一云七尺曰仞虧曲爲反簣□□反又□□以向許亮反□逕反昃音側允迪茲生民保厥居惟乃世王言其能信蹈行此誡□□

誡則生人安其居天子乃王天下武王雖猶設此誡之況人何以無誡乎言不免於過則亦宜矣王如字又于況反

巢伯來朝殷之諸侯伯爵也南方遠國武王克商慕義來朝巢仕交反徐呂交反朝直遥反芮伯

作旅巢命芮伯周同姓圻內之國爲卿大夫陳威德以命巢亡芮如銳反圻音祈

金縢第八　周書　孔氏傳

武王有疾周公作金縢爲請命之書藏之於匱緘之以金不欲人開之武王有疾馬本作有

疾不豫縢徒登反緘工咸反金縢遂以所藏爲篇名既克商二年王有疾弗

豫伐紂明年武王有疾不悅豫豫本又作忬二公曰我其爲王穆卜周公

曰未可以戚我先王穆敬戚近也召公太公言王疾當敬卜吉凶周公言未可以死近我先王

相順之辭爲于僞反戚千歷反公乃自以爲功周公乃自以請命爲己事爲三壇同墠

因太王王季文王請命於天故爲三壇壇築土墠除地大除之於中爲三壇壇徒丹反築土也馬云土堂墠音善爲壇

於南方北面周公立焉立壇上對三王植璧秉珪乃告太王

王季文王璧以禮神植置也置於三王之坐周公秉桓珪以爲贄告謂祝辭植時職反又徐音置贄音至祝如字或

之又反下同史乃冊祝曰惟爾元孫某遘厲虐疾史爲冊書祝辭

也元孫武王某名臣諱君故曰某厲危虐暴也遘工豆反遇也若爾三王是有丕子之責

于天以旦代某之身太子之責謂疾不可救於天則當以旦代之死生有命不可請代聖人敘臣子

之心以垂世教不普悲反馬同徐甫眉反鄭音不予仁若考能多材多藝能事

鬼神言我周公仁能順父又多材多藝能事鬼神言可以代武王之意乃元孫不若旦多

材多藝不能事鬼神乃命于帝庭敷佑四方汝元孫受

命於天庭爲天子布其德教以佑助四方言不可以死用能定爾子孫于下地四

方之民罔不祗畏言武王用受命帝庭之故能定先人子孫於天下四方之民無不敬畏嗚呼

無墜天之降寶命我先王亦永有依歸歎惜武王言不救則墜天
之寶命救之則先王長有依歸今我即命于元龜就受三王之命於大龜卜知吉凶爾
之許我我其以璧與珪歸俟爾命許謂疾瘳待命當以事神爾不
許我我乃屏璧與珪不許謂不愈也屏藏也言不得事神乃卜三龜一
習吉習因也以三王之龜卜一相因而吉啟籥見書乃并是吉三兆既同吉開
籥見占兆書乃亦并是吉籥予若反徐以略反馬云藏卜兆書管并必政反公曰體王其罔害公視
兆曰如此兆體王其無害言必愈予小子新命于三王惟永終是圖
周公言我小子新受三王之命武王惟長終是謀周之道茲攸俟能念予一人言武王愈此所以待
能念我天子事成周道公歸乃納冊于金縢之匱中王翼日乃
瘳從壇歸翼明瘳差也差初賣反武王既喪管叔及其羣弟乃流言

於國武王死周公攝政其弟管叔及蔡叔霍叔乃放言於國以誣周公以惑成王喪息浪反曰公將不利於孺子三叔以周公大聖有次立之勢遂生流言孺稚也稚子成王孺如樹反周公乃告二公曰我之弗辟辟法也告召公太公言我不以法法三叔則我無以成周道告我先王辟扶亦反治也說文作壁音必亦反法也馬鄭音避謂避居東都我無以告我先王周公居東二年則罪人斯得周公既告二公遂東征之二年之中罪人此得于後公乃為詩以貽王名之曰鴟鴞王亦未敢誚公成王信流言而疑周公故周公既誅三監而作詩解所以宜誅之意以遺王王猶未悟故欲讓公而未敢貽羊支反名如字徐亡政反鴟尺夷反鴞于嬌反誚在笑反遺唯季反秋大熟未穫天大雷電以風二年秋也蒙恒風若雷以威之故有風雷之異穫戶郭反禾盡偃大木斯拔邦人大恐風災所及邦人皆大恐拔皮八反王與大夫盡弁以啓金縢之書皮弁質服以應天弁皮彥反徐扶變反應

應對之應乃得周公所自以爲功代武王之說所藏請命冊書本〔說〕
如字徐音始銳反二公及王乃問諸史與百執事二公倡王啓之故先見書
史百執事皆從周公請命〔倡〕昌亮反〔從〕才用反又如字對曰信噫公命我勿敢言
史百執事言信有此事周公使我勿道今言之則負周公噫恨辭〔噫〕於其反馬本作懿猶億也王執書以泣
曰其勿穆卜本欲敬卜吉凶今天意可知故止之昔公勤勞王家惟予
沖人弗及知言己幼童不及知周公昔日忠勤〔沖〕直忠反今天動威以彰周
公之德發雷風之威以明周公之聖德惟朕小子其新逆我國家禮
亦宜之周公以成王未悟故留東未還改過自新遣使者逆之亦國家禮有德之宜〔新〕逆馬本作親迎〔使〕音所吏反
王出郊天乃雨反風禾則盡起郊以王弊謝天天即反風起禾明郊之是二
公命邦人凡大木所偃盡起而築之歲則大熟木有

偃拔起而立之築有其根桑果無虧百穀豐熟周公之德此已上大誥後因武王喪并見之【築】音竹本亦作筑謂築其根馬云築拾也【見】賢遍反

大誥第九　周書　孔氏傳

武王崩三監及淮夷叛三監管蔡商淮夷徐奄之屬皆叛周【監】古銜反視也周公相成王將黜殷作大誥相謂攝政黜絕也將以誅叛者之義大誥天下【相】息亮反注同【誥】本亦作𢍬大誥陳大道以告天下遂以篇名王若曰猷大誥爾多邦越爾御事周公稱成王命順大道以告天下衆國及於御治事者盡及之【猷】音由道也馬本作大誥繇爾多邦【盡】津忍反弗弔天降割于我家不少言周道不至故天下凶害於我家不少謂三監淮夷並作難【弔】音的又如字割馬本作害【難】乃旦反馬讀弗少延爲句延洪惟我幼沖人凶害延大惟累我幼童人成王言其不可不誅之意【累】劣偽反嗣無疆大歷服弗造哲迪民康言子孫承

繼祖考無窮大數服行其政而不能爲智道以安人故使叛先自責矧曰其有能格知天命安人且猶不能況其有能至知天命者乎矧失忍反已予惟小子若涉淵水予惟往求朕攸濟已發端歎辭也我惟小子承先人之業如涉淵水往求我所以濟渡言祗懼敷賁敷前人受命兹不忘大功前人文武也我求濟渡在布行大道在布陳文武受命在此不忘大功言任重賁扶云反徐音憤予不敢閉于天降威用天下威用謂誅惡也言我不敢閉絕天所下威用而不行將欲伐四國寧王遺我大寶龜紹天明即命安天下之王謂文王也遺我大寶龜疑則卜之以繼天明就其命而行之言卜不可違遺唯季反曰有大艱于西土西土人亦不靜越兹蠢曰語更端也四國作大難於京師西土人亦不安於此蠢動蠢尺允反難乃旦反下同又如字殷小腆誕敢紀其叙言殷後小腆腆之祿父大敢紀其王業欲復之腆他典反馬云至也誕大旦反叙音事後同天降威知我國有疵天下

威謂三叔流言故禄父知我周國有疵病疵在斯反馬云瑕也民不康曰予復反鄙我周
邦禄父言我殷當復取東國人令不安鄙易我周家道其罪無狀令力呈反易以豉反下其易同今蠢今翼
日民獻有十夫予翼以于敉寧武圖功今天下蠢動今之明日四
國人賢者有十夫來翼佐我周用撫安武事謀立其功言人事先應敉亡婢反應應對之應我有大事休
朕卜并吉大事戎事也人謀既從卜又并吉所以為美并必政反注及篇末同肆予告我友
邦君越尹氏庶士御事以美故告我友國諸侯及於正官尹氏卿大夫衆士御治事者言謀
及之曰予得吉卜予惟以爾庶邦于伐殷逋播臣用汝
衆國往伐殷逋亡之臣謂禄父逋布吾反爾庶邦君越庶士御事罔不反曰
艱大汝衆國上下無不反曰征伐四國為大難叙其情以戒之民不靜亦惟在王宮
邦君室言四國不安亦在天子諸侯教化之過自責不能綏近以及遠越予小子考翼不

可征王害不違卜於我小子先卜敬成周道若謂今四國不可征則王室有害故宜從卜肆

予沖人永思艱曰嗚呼允蠢鰥寡哀哉故我童人成王長思此難而歎曰信蠢動天下使無妻無夫者受其害可哀哉〔鰥〕故頑反予造天役遺大投艱于朕身我周家為天下役事遺我甚大投此艱難於我身言不得已〔造〕為也馬云遺也越予沖人不卬自恤義爾邦君越爾多士尹氏御事言征四國於我童人不惟自憂而已乃欲施義於汝衆國君臣上下至御治事者〔卬〕五剛反我也綏予曰無毖于恤不可不成乃寧考圖功汝衆國君臣當安勉我曰無勞於憂不可不成汝寧祖聖考文武所謀之功責其以善言之助〔毖〕音祕

已予惟小子不敢替上帝命不敢廢天命言卜吉當必征之天休于寧王興我小邦周寧王惟卜用克綏受茲命言天美文王興周者以文王惟卜之用故能安受此天命明卜宜用今天其相民矧亦惟

卜用人獻十夫是天助民況亦用卜乎吉可知矣亦言文王相息亮反嗚呼天明畏弼我丕丕基歎天之明德可畏輔成我大大之基業言卜不可違也畏如字徐音威王曰爾惟舊人爾丕克遠省爾知寧王若勤哉特命父老之人知文王故事者大能遠省識古事汝知文王若彼之勤勞哉目所親見法之又明省息井反天閟毖我成功所予不敢不極卒寧王圖事閟慎也言天慎勞我周家成功所在我不敢不極盡文王所謀之事謂致太平閟音祕肆予大化誘我友邦君我欲極盡文王所謀故大化天下道我友國諸侯天棐忱辭其考我民言我周家有大化誠辭為天所輔其成我民矣棐徐音匪又芳鬼反忱市林反予曷其不于前寧人圖功攸終我何其不於前文王安人之道謀立其功所終乎天亦惟用勤毖我民若有疾天亦勞慎我民欲安之如人有疾欲已去之予曷敢不于前寧人攸受休畢天欲安民我何敢不於前文王所受美命終畢之王

曰若昔朕其逝朕言艱日思順古道我其往東征矣我所言國家之難備矣日思
念之〔日〕人實反若考作室既厎法厥子乃弗肯堂矧肯構以作
室喻治政也父已致法子乃不肯爲堂基況肯構立屋乎不爲其易則難者可知〔厎〕之履反〔構〕古豆反〔治〕直吏反厥父
菑厥子乃弗肯播矧肯穫又以農喻其父已菑耕其田其子乃不肯播種況肯收穫
乎〔菑〕側其反草也田一歲曰菑〔穫〕戶郭反厥考翼其肯曰予有後弗棄基其父
敬事創業而子不能繼成其功其肯言我有後不棄我基業乎今不征是棄之肆予曷敢不越卬敉
寧王大命作室農人猶惡棄基故我何敢不於今日撫循文王大命以征逆乎〔惡〕烏路反若兄考乃
有友伐厥子民養其勸弗救若兄弟父子之家乃有朋友來伐其子民養其勸心
不救者以子惡故以此四國將誅而無救者罪大故王曰嗚呼肆哉爾庶邦君越爾
御事歎今伐四國必克之故以告諸侯及臣下御治事者爽邦由哲亦惟十人迪

知上帝命言其故有明國事用智道十人蹈知天命謂人獻十夫來佐周越天棐忱爾時罔敢易法矧今天降戾于周邦於天輔誠汝天下是知無敢易天法況今天下罪於周使四國叛乎惟大艱人誕鄰胥伐于厥室爾亦不知天命不易惟大爲難之人謂三叔也大近相伐於其室家謂叛逆也若不早誅汝天下亦不知天命之不易也難乃旦反予永念曰天惟喪殷若穡夫予曷敢不終朕畝稼穡之夫除草養苗我長念天亡殷惡主亦猶是矣我何敢不順天終竟我壟畝乎言當滅殷壟力勇反天亦惟休于前寧人予曷其極卜敢弗于從天亦惟美于文王受命我何其極卜法敢不於從言必從也率寧人有指疆土矧今卜并吉循文王所有指意以安疆土則善矣況今卜并吉乎言不可不從肆朕誕以爾東征天命不僣卜陳惟若茲以卜吉之故大以汝衆東征四國天命不僣差卜兆陳列惟若此吉必克之不可不從也僣子念反

微子之命第十　周書　孔氏傳

成王既黜殷命，殺武庚（一名祿父），命微子啓代殷後（紂同母庶兄，奔周，命為宋公，為湯後），作微子之命（封命之書）。微子之命（亦稱其命以爵篇）。

王若曰：猷！殷王元子（微子，帝乙元子，故順道本而稱之）。惟稽古，崇德象賢（惟考古典，有尊德象賢之義，言今法之），統承先王，修其禮物（言二王之後各修其典禮、正朔、服色，與時王並通三統。正音政），作賓于王家，與國咸休，永世無窮（為時王賓客，與時皆美，長世無竟）。嗚呼！乃祖成湯克齊聖廣淵（言汝祖成湯能齊德聖達，廣大深遠，澤流後世），皇天眷佑，誕受厥命（大天眷顧佑助之，大受其命，謂天命），撫民以寬，除其邪虐（撫民以寬政，放桀邪淫，湯之德），功加于時，德垂後裔（言湯立功加於當時，德澤垂及後世。裔，末也。裔，以制反）。爾惟踐修厥猷，舊

一八六

有令聞汝微子言能踐湯德久有善譽昭聞遠近〔聞〕如字又音問恪慎克孝肅恭神

人予嘉乃德曰篤不忘言微子敬慎能孝嚴恭神人以是我善汝德謂厚不可忘〔忘〕本又作亡

上帝時歆下民祗協庸建爾于上公尹茲東

夏孝恭之人祭祀則神歆享施令則人敬和用是封立汝於上公之位正此東方華夏之国宋在京師東〔歆〕許今反欽

哉往敷乃訓慎乃服命率由典常以蕃王室敬哉敬其

為君之德往臨人布汝教訓慎汝祖服命數循用舊典無失其常以蕃屏周室戒之〔蕃〕方元反本亦作藩弘乃烈祖

律乃有民永綏厥位毗予一人大汝烈祖成湯之道以法度齊汝所有之人則長安

其位以輔我一人言上下同安〔毗〕房脂反世世享德萬邦作式言微子累享德不忝

祖雖同公侯而特為萬國法式俾我有周無斁汝世世享德則使我有周汝無厭〔俾〕必爾反〔斁〕音亦

呼報反□□豔反〔歎〕嗚呼往哉惟休無替朕命歎其德遣往之國言當惟為美政無廢我

唐叔得禾異畝同穎唐叔成王母弟食邑内得異禾也畝壟穎穗也禾各生一壟而合爲一穗穎役領反穗似醉反本亦作遂獻諸天子拔而貢之王命唐叔歸周公于東異畝同穎天下和同之象周公之德所致周公東征未還故命唐叔以禾歸周公唐叔後封晉作歸禾亡

周公既得命禾旅天子之命已得唐叔之禾遂陳成王歸禾之命而推美成王善則稱君作嘉禾天下和同政之善者故周公作書以嘉禾名篇告天下亡

尚書卷第七

尚書卷第八

康誥第十一　周書　孔氏傳

成王既伐管叔蔡叔滅三監以殷餘民封康叔以三監之民國康叔爲衛侯周公懲其數叛故使賢母弟主之數所角反叛亦作畔作康誥酒誥梓材康誥命康叔之誥康圻內國名叔封字梓音子圻具依反惟三月哉生魄周公攝政七年三月始生魄月十六日明消而魄生魄字又作霸普白反馬曰魄朏也謂月三日始生兆朏名曰魄周公初基作新大邑于東國洛四方民大和會初造基建作王城大都邑於東國洛汭居天下土中四方之民大和悅而集會汭如銳反侯甸男邦采衛百工播民和見士于周此五服諸侯服五百里侯服去王城千里甸服千五百里男服去王城二千里采服二千五百里衛服三千里與禹貢異制五服之百官播率其民和悅並見事於周見賢遍反周公咸勤乃洪大誥治周公皆勞勉五服之

民安治…治同一本作…道…其…及下其治勞力報反

孟侯朕其弟小子封周公稱成王命順康叔之德命爲孟長也五侯之長謂方伯使康叔爲之

言王使我命其弟封封康叔名稱小子明當受教訓長丁丈反惟乃丕顯考文王克明德

慎罰惟汝大明父文王能顯用俊德慎去刑罰以爲教首去羌呂反下欲去去疾同不敢侮鰥寡

庸庸祗祗威威顯民惠恤窮民不慢鰥夫寡婦用可用敬可敬刑可刑明此道以示民用

肇造我區夏越我一二邦以修用此明德慎罰之道始爲政於我區域諸夏故於我一二邦皆以修治

我西土惟時怙冒聞于上帝帝休我西土岐周惟是怙恃文王之道故其政教冒被四表上聞于天天美其治怙音戶冒莫報反覆也聞如字徐音問天乃大命

文王殪戎殷誕受厥命天美文王乃大命之殺兵殷大受其王命謂三分天下有其二以授武王殪於計反

越厥邦厥民惟時敘於其國於其民惟是次敘皆文王教乃寡兄勗

肆汝小子封在茲東土汝寡有兄武王勉行文王之道故汝小子封得在此東土爲諸侯勗許玉反王曰嗚呼封汝念哉告汝所以言今民將在祗遹乃文考紹聞衣德言今治民將在敬循汝文德之父繼其所聞服行其德言以爲政教遹音聿又音述馬云述也衣如字徐於既反往敷求于殷先哲王用保乂民汝往之国當布求殷先智王之道用安治民汝丕遠惟商耇成人宅心知訓汝當大遠求商家耇老成人之道常以居心則知訓民耇音狗別求聞由古先哲王用康保民又當別求所聞父兄用古先智王之道用其安者以安民弘于天若德裕乃身不廢在王命大于天爲順德則不見廢常在王命王曰嗚呼小子封恫瘝乃身敬哉恫痛瘝病治民務除惡政當如痛病在汝身欲除之敬行我言恫音通又勑動反瘝古頑反天畏棐忱民情大可見小人難保天德可畏以其輔誠人情大可見以小人難安棐音匪

反林反【協】往盡乃心無康好逸豫乃其乂民往當盡為政無自

好逸豫乃其治民【盡】徐子忍反【好】呼報反我聞曰怨不在大亦不在小惠

不惠懋不懋不在大起於小不在小小至於大言怨不可為故當使不順者順不勉者勉【懋】音茂已

汝惟小子乃服惟弘王應保殷民已乎汝惟小子乃當服行德政惟弘大王

道以安天下以安我所受殷之民無【應】應對之應注同徐於甑反亦惟助王宅天命作新

民弘王道安殷民亦所以惟助王者居順天命為民日新之教王曰嗚呼封敬明乃罰

欽而敕之凡行刑罰汝必敬明之欲其重慎人有小罪非眚乃惟終自作不

典式爾小罪非過失乃惟終自行之自為不常用犯汝【眚】所領反本亦作省有厥罪小乃不

可不殺乃有大罪非終乃惟眚災適爾既道極厥

辜時乃不可殺汝盡聽訟之理以極其罪是人所犯亦不可殺當以罰宥論之【宥】于救反王曰

嗚呼封有敘時乃大明服勑政教有次敘是乃治理大明則下服惟民其

勑懋和民既服化乃其自勑正勉爲和若有疾惟民其畢棄咎化惡爲善

如欲去疾治之以理則惟民其盡棄惡修善咎其九反若保赤子惟民其康乂愛養

人如安孩兒赤子不失其欲惟民其皆安治孩亥才反非汝封刑人殺人言得刑殺罪人無或

刑人殺人無以得刑殺人而有妄刑殺非辜者非汝封又曰劓刵人劓截鼻刵截耳

刑之輕者亦言所得行劓魚器反刵如志反無或劓刵人所以舉輕以戒爲人輕行之王曰

外事汝陳時臬司師茲殷罰有倫言外土諸侯奉王事汝當布陳是法司牧

其衆及此殷家刑罰有倫理者兼用之臬魚列反又曰要囚服念五六日至于

旬時丕蔽要囚要囚謂察其要辭以斷獄既得其辭服膺思念五六日至於十日至于三月乃大斷

[illegible]之言必[illegible]思念[illegible]刑之[illegible]反 王曰汝陳時

事罰蔽殷彝陳是法事罰斷獄用殷家常法謂典刑故事蔽必世反下同用其義
刑義殺勿庸以次汝封義宜也用舊法典刑宜於時世者以刑殺勿用以就汝封之心所安
乃汝盡遜曰時敘惟曰未有遜事乃使汝所行盡順曰是有次敘惟當自謂
未有順事君子將興自以爲不足已汝惟小子未其有若汝封之心朕
心朕德惟乃知已乎他人未其有若汝封之心言汝心最善我心我德惟汝所知欲其明成王所以命己
之款心欵苦管反凡民自得罪寇攘姦宄殺越人于貨凡民用得
罪爲寇盜攘竊姦宄殺人顛越人於是以取貨利攘如羊反宄音軌暋不畏死罔弗憝暋強也自
強爲惡而不畏死人無不惡之者言當消絕之暋音敏憝徒對反徐徒猥反強其丈反惡烏路反下所大惡之惡亦惡並同音
王曰封元惡大憝矧惟不孝不友大惡之人猶爲人所大惡況不善父
母不友兄弟者乎言人之罪惡莫大於不孝不友子弗祗服厥父事大傷厥考心

爲人子不能敬身服行父道而怠忽其業大傷其父心是不孝 于父不能字厥子乃疾厥子 於爲人父不能字愛其子乃疾惡其子是不慈 于弟弗念天顯乃弗克恭厥兄 於爲人弟不念天之明道乃不能恭事其兄是不恭 兄亦不念鞠子哀大不友于弟 爲人兄亦不念稚子之可哀大不篤友于弟是不友 鞠居六反 惟弔茲不于我政人得罪 惟人至此不孝不慈不友不恭不於我執政之人得罪乎道教不至所致 弔音的 天惟與我民彝大泯亂 天與我民五常使父義母慈兄友弟恭子孝而廢棄不行是大滅亂天道 泯武巾反 曰乃其速由文王作罰刑茲無赦 言當速用文王所作違教之罰刑此亂五常者无得赦 不率大戛矧惟外庶子訓人 戛常也凡民不循大常之教猶刑之无赦況在外掌衆子之官主訓民者而親犯乎 戛簡八反 惟厥正人越小臣諸節 惟其正官之人於小臣諸有符節之吏及外庶子其有不循大常者則亦在無赦之科 乃別播敷造民大譽

弗念弗庸瘝厥君時乃引惡惟朕憝汝今往之國分別播布德教
以立民大善之譽言若不念我言不用我法者病其君自是汝長惡惟我亦惡汝別彼列反注同長丁丈反下同已汝乃
其速由茲義率殺亦惟君惟長汝乃其速用此典刑宜於時世者循理以刑殺
則亦惟君長之正道不能厥家人越厥小臣外正惟威惟虐大
放王命乃非德用乂爲人君長而不能治其家人之道則於其小臣外正官之吏並爲威虐而
大放棄王命乃由非德用治之故汝亦罔不克敬典乃由裕民惟文王
之敬忌常事人之所輕故戒以无不能敬常汝用寬民之道當如文王之所敬忌而法之忌其記反乃裕
民曰我惟有及則予一人以懌汝行寬民之政曰我惟有及於古則我一人以
此悅懌汝德懌音亦王曰封爽惟民迪吉康明惟治民之道而善安之我時其惟
殷先哲王德用康乂民作求我是其惟殷先智王之德用安治民爲求等爲于僞反矧

今民罔迪不適不迪則罔政在厥邦 治民乃欲求等殷先智王況今民無
道不之言從教也不以道訓之則無善政在其國 王曰封予惟不可不監告汝
德之說于罰之行 我惟不可不監視古義告汝施德之說於罰之所行欲其勤德慎刑 說如字徐始銳
反 今惟民不靜未戾厥心迪屢未同 假令今天下民不安未定其心於周
教道屢數而未和同設事之言 令力呈反 數所角反 爽惟天其罰殛我我其不怨
明惟天其以民不安罰誅我我其不怨天汝不治我罰汝汝亦不可怨我 殛紀力反 惟厥罪無在大亦
無在多矧曰其尚顯聞于天 罪人不在大亦不安雖小邑小民猶有誅罰不在多大況曰不慎罰
明聞於天者乎言罪大 王曰嗚呼封敬哉無作怨勿用非謀非
彝 言當修己以敬無爲可怨之事勿用非善謀非常法 蔽時忱丕則敏德 斷行是誠道大法敏
德信則人任爲政敏則有功 用康乃心顧乃德遠乃猷 用是誠道安汝心顧省汝德無[illegible]

非[illegible]長久裕乃以民寧不汝瑕殄行寬政乃以民安則我不汝罪過不絕亡汝

曰嗚呼肆汝小子封惟命不于常以民安則不絕亡汝政當由念天命之不於常汝行善則得之行惡則失之汝念哉無我殄無絕棄我言而不念享明乃服命享有国土當明汝所服行之命令使可則高乃聽用康乂民高汝聽聽先王道德之言以安治民王若曰往哉封勿替敬典汝往之国勿廢所宜敬之常法聽朕告汝乃以殷民世享順從我所告之言即汝乃以殷民世世享国福流後世

酒誥第十二　周書　孔氏傳

酒誥康叔監殷民殷民化紂嗜酒故以戒酒誥嗜市志反王若曰明大命于妹邦周公以成王命誥康叔順其事而言之欲令明施大教命於妹国妹地名紂所都朝歌以北是王若曰馬本作成王若曰注云言成王者未聞也俗儒以為成王骨節始成故曰成王或曰以成王為少成二聖之功生號曰成王沒因為謚衛賈以為戒成康叔以慎

酒成就人之道也故曰成此三者吾元取焉吾以爲後録書者加之未敢專從故曰未聞也馬云妹邦即牧養之地【令】力呈反下始令勿令同

乃穆考文王肇國在西土父昭子穆文王弟稱穆將言始国在西土西土岐周之政【文王弟】稱穆周自后稷而封爲始祖后稷生不窋爲昭鞠陶爲穆公劉爲昭慶節爲穆黄僕爲昭差弗爲穆毀揄爲昭公非爲穆高圉爲昭亞圉爲穆諸盩爲昭大王爲穆王季爲昭文王爲穆故左傳宮之奇云大伯虞仲大王之昭也虢仲虢叔王季之穆也又富辰云管蔡已下十六國文之昭也【昭】一音韶【窋】竹律反【揄】音投【盩】張流反【大】並音太

厥誥毖庶邦庶士越少正御事朝夕曰祀茲酒文王其所告慎衆國衆士於少正官御治事吏朝夕勑之惟祭祀而用此酒不常飲【毖】音祕【少】詩照反

惟天降命肇我民惟元祀惟天下教命始令我民知作酒者惟爲祭祀【爲】于僞反下同

天降威我民用大亂喪德亦罔非酒惟行天下威罰使民亂德亦無非以酒爲行者言一本爲祭祀亦爲亂行【行】下孟反注及下注同

小大邦用喪亦罔非酒惟辜於小大之国所用喪亡亦無不以酒罪

也文王誥教小子有正有事無彝酒治事
下羣吏教之皆無常飲酒越庶國飲惟祀德將無醉於所治衆國飲酒惟當因祭祀
以德自將無令至醉惟曰我民迪小子惟土物愛厥心臧文王化我民教
道子孫惟土地所生之物皆愛惜之則其心善聰聽祖考之彝訓越小大德小
子惟一言子孫皆聰聽父祖之常教於小大之德念德則子孫惟專一妹土嗣爾股肱
純其藝黍稷奔走事厥考厥長今往當使妹土之人繼汝股肱之教爲純一之
行其當勤種黍稷奔走事其父兄長丁丈反下注長官諸侯之長同肇牽車牛遠服賈用孝
養厥父母農功既畢始牽車牛載其所有求易所無遠行賈賣用其所得珍異孝養其父母賈音古養音羊亮反
厥父母慶自洗腆致用酒其父母善子之行子乃自絜厚致用酒養也洗先典反馬云盡
也腆他典反庶士有正越庶伯君子其爾典聽朕教衆伯君子

長官大夫統衆士有正者其汝常聽我教勿違犯　爾大克羞耈惟君爾乃飲食醉飽　汝大能進老成人之道則爲君矣如此汝乃飲食醉飽之道先戒群吏以聽教次戒康叔以君義　丕惟曰爾克永觀省作稽中德　我大惟教汝曰汝能長觀省古道爲考中正之德則君道成矣　省悉井反　爾尚克羞饋祀爾乃自介用逸　能考中德則汝庶幾能進饋祀於祖考矣能進饋祀則汝乃能自大用逸之道　饋其位反　茲乃允惟王正事之臣　汝能以進老成人爲醉飽考亦行爲用逸則此乃信任王者正事之大臣　任音壬　茲亦惟天若元德永不忘在王家　言此非但正事之臣亦惟天順其大德而佑之長不見忘在王家　王曰封我西土棐徂邦君御事小子尚克用文王教不腆于酒　我文王在西土輔訓往日國君及御治事者下民子孫皆庶幾能用上教不厚於酒言不常飲　故我至于今克受殷之命　以不厚於酒故我周家至于今能受殷王之命　王曰封我聞惟曰

在昔殷先哲王迪畏天顯小民聞之於古殷先智王謂湯蹈道畏天明著小民經德秉哲自成湯咸至于帝乙成王畏相能常德持智從湯至帝乙中間之王猶保成其王道畏敬輔相之臣不敢爲非相息亮反下同惟御事厥棐有恭不敢自暇自逸惟殷御治事之臣其輔佐畏相之君有恭敬之德不敢自寬暇自逸豫暇遐嫁反矧曰其敢崇飲崇聚也自暇自逸猶不敢況敢聚會飲酒乎明無也越在外服侯甸男衛邦伯於在外國侯服甸服男服衛服國伯諸侯之長言皆化湯畏相之德越在內服百僚庶尹惟亞惟服宗工於在內服治事百官衆正及次大夫服事尊官亦不自逸越百姓里居於百官族姓及卿大夫致仕居田里者罔敢湎于酒不惟不敢亦不暇自外服至里居皆無敢沈湎于酒非徒不敢志在助君敬法亦不暇飲酒湎面善反惟助成王德顯越尹人祗辟所以不暇飲酒惟助其君成王道明其德於正人之道必正身敬法其身正不令而

行【辟】扶亦反 我聞亦惟曰在今後嗣王酣身 嗣王紂也酣樂其身不憂政事【酣】户
甘反【樂】音洛 厥命罔顯于民祗保越怨不易 言紂暴虐施其政令於民無顯明之
德所敬所安皆在於怨不可變易【易】如字馬以豉反 誕惟厥縱淫泆于非彝用燕
喪威儀民罔不衋傷心 紂大惟其縱淫泆于非常用燕安喪其威儀民無不衋然痛傷其心
【縱】子用反注同【泆】音溢又作逸亦作佚【衋】許力反 惟荒腆于酒不惟自息乃逸
言紂大厚於酒晝夜不念自息乃過差【差】初佳反又初賣反 厥心疾很不克畏死 紂疾很其
心不能畏死言無忌憚【很】胡懇反 辜在商邑越殷國滅無罹 紂聚罪人在都
邑而任之於殷國滅亡無憂懼 弗惟德馨香祀登聞于天誕惟民怨
紂不念發聞其德使祀見享升聞於天大行淫虐惟民所怨咎 庶羣自酒腥聞在上故天
降喪于殷罔愛于殷惟逸 紂衆羣臣用酒沈荒腥穢聞在上天故天下喪亡於殷無愛於

惟以紂奢逸故聞音問天非虐惟民自速辜言凡爲天所亡天非虐民惟民行惡自召罪

王曰封予不惟若茲多誥我不惟若此多誥汝我親行之古人有言曰

人無於水監當於民監古賢聖有言人無於水監當於民監視水見己形視民行事見吉凶

監工陷反下及注同今惟殷墜厥命我其可不大監撫于時今惟

殷紂無道墜失天命我其可不大視此爲戒撫安天下於是予惟曰汝劼毖殷獻臣劼固

也我惟告汝曰汝當固慎殷之善臣信用之劼苦八反侯甸男衛矧太史友內史

友侯甸男衛之國當慎接之況太史內史掌國典法所賓友乎越獻臣百宗工矧惟爾

事服休服采於善臣百尊官不可不慎況汝身事服行美道服事治民乎矧惟若疇圻

父薄違農父圻父司馬農父司徒身事且宜敬慎況所順疇咨之司馬乎況能迫迴萬民之司徒乎言任大

圻巨依反父音甫薄蒲各反徐又扶各反違如字徐音迴馬云違行也若保宏父定辟矧汝

剛制于酒宏大也宏父司空當順安之司馬司徒司空列國諸侯三卿慎擇其人而任之則君道定况汝剛斷於酒乎辟必亦反斷丁亂反厥或誥曰羣飲汝勿佚其有誥汝曰民羣聚飲酒不用上命則汝收捕之勿令失也佚音逸盡執拘以歸于周予其殺盡執拘羣飲酒者以歸於京師我其擇罪重者而殺之盡子忍反又惟殷之迪諸臣惟工乃湎于酒勿庸殺之又惟殷家蹈惡俗諸臣惟衆官化紂日久乃沈湎于酒勿用法殺之惡烏各反姑惟教之有斯明享以其漸染惡俗故必三申法令且惟教之則汝有此明訓以享國三息暫反又如字乃不用我教辭惟我一人弗恤弗蠲乃事時同于殺汝若忽怠不用我教辭惟我一人不憂汝乃不絜汝政事是汝同於見殺之罪王曰封汝典聽朕毖汝當常聽念我所慎而篤行之勿辯乃司民湎于酒辯使也勿使汝主民之吏湎於酒言當正身以帥民

梓材第十三　周書　孔氏傳

梓材 告康叔以爲政之道亦如梓人治材 梓音子本亦作杍 馬云古作梓字治木器曰梓治土器曰陶治金器曰冶 王曰封以厥庶民暨厥臣達大家 言當用其衆人之賢者與其小臣之良者以通卿大夫及都家之政於國 暨其器反 以厥臣達王惟邦君 汝當信用其臣以通王教於民 言通民事於國通王教於民惟乃國君之道 汝若恒越曰我有師師 汝惟君道使順常於是曰我有典常之師可師法 司徒司馬司空尹旅曰予罔厲殺人 言國之三卿正官衆大夫皆順典常而曰我無厲虐殺人之事如此則善矣 亦厥君先敬勞肆徂厥敬勞 亦其爲君之道當先敬勞民故汝往治民必敬勞來之 勞力報反下同 來力代反 肆往姦宄殺人歷人宥 以民當敬勞之故汝往之國又當詳察姦宄之人及殺人賊所過歷之人有所寬宥亦所以敬勞之 宄音軌 肆亦見厥君事戕敗人宥 聽訟折獄當務從寬恕故往治民亦當見其爲君之事察民以過誤殘敗人者當寬宥之 見如字徐賢遍反 戕徐在羊反又七良反馬云殘也 折之舌反 王

啓監厥亂爲民言王者開置監官其治爲民不可不勉【監】工暫反劉工銜反下同【爲】于僞反注同曰無胥戕無胥虐至于敬寡至于屬婦合由以容當教民無得相殘傷相虐殺至于敬養寡弱至于存恤妾婦和合其教用大道以容之無令見冤枉【屬】婦妾之事妻也屬音燭【令】力呈反篇末同【冤】紆元反一本作寃王其效邦君越御事厥命曷以王者其効實國君及於御治事者知其教命所施何用不可不勤引養引恬自古王若茲監罔攸辟能長養民長安民用古王道如此監無所復罪當務之【恬】田廉反【辟】扶亦反惟曰若稽田既勤敷菑惟其陳修爲厥疆畎言爲君監民惟若農夫之考田已勞力布發之惟其陳列修治爲其疆畔畎壟然後功成以喻教化【菑】側其反【畎】工犬反若作室家既勤垣墉惟其塗墍茨如人爲室家已勤立垣牆惟其當塗墍茨蓋之【垣】音袁【墉】音庸馬云卑曰垣高曰墉【墍】徐許氣反說文云仰塗也廣雅云塗也馬云堊色一音故愛反【茨】徐在私反若作梓材既勤樸斲惟

其塗丹雘言為政之術如梓人治材為器已勞力樸斵削惟其當塗以漆丹以朱而後成以言教化亦須禮義然後治【樸】普角反馬云未成器也【斵】丁角反【雘】枉敀反徐烏郭反馬云善丹也說文云讀與靃同又一郭反字林音同今王惟曰先王既勤用明德懷為夾言文武已勤用明德懷遠為近汝治國當法之【夾】音協近也庶邦享作兄弟方來亦既用明德衆國朝享於王又親仁善鄰為兄弟之國方方皆來賓服亦已奉用先王之明德【朝】直遙反后式典集庶邦丕享君天下能用常法則和集衆國大來朝享皇天既付中國民越厥疆土于先王去大天已付周家治中國民矣能遠拓其界壤則於先王之道遂大【付】如字馬本作附【拓】音託王惟德用和懌先後迷民用懌先王受命今王惟用德和悅先後天下迷愚之民先後謂教訓所以悅先王受命之義【懌】音亦字又作斁同【先】悉薦反注同已若茲監惟曰欲至于萬年惟言監所行已如此所陳法則我周家惟欲使至於萬年承奉王室【監】古陷反【為】于威

二〇八

反子子孫孫永保民又欲令其子孫累世長居國以安民

召誥第十四　周書　孔氏傳

成王在豐欲宅洛邑成王克商遷九鼎於洛邑欲以爲都故成王居焉使召公

先相宅相所居而卜之遂以陳戒相息亮反注下同召作召誥召誥召公以成王新

即政因陳戒以作誥惟二月既望周公攝政七年二月十五日日月相望因紀之越六日乙

未王朝步自周則至于豐於已望後六日二十一日成王朝行從鎬京則至于豐以遷都

之事告文王廟告文王則告武王可知以祖見考鎬胡老反見賢遍反下不見同惟太保先周公相

宅太保三公官名召公也召公於周公前相視洛居周公後往先悉薦反又如字越若來三月惟丙

午朏越三日戊申太保朝至于洛卜宅朏明也月三日明生之名

於順來三月丙午朏於朏三日三月五日召公早朝至于洛邑相卜所居朏芳尾反又普沒反徐又芳憒反厥既得

卜則經營其已得吉卜則經營規度城郭郊廟朝市之位處度待洛反朝直遙反處昌慮反越三日庚戌太保乃以庶殷攻位于洛汭越五日甲寅位成於戊申三日庚戌以衆殷之民治都邑之位於洛水北今河南城也於庚戌五日所治之位皆成言衆殷本共所由來汭如銳反若翼日乙卯周公朝至于洛周公順位成之明日而朝至于洛汭則達觀于新邑營周公通達觀新邑所營言周徧越三日丁巳用牲于郊牛二於乙卯三日用牲告立郊位於天以后稷配故二牛后稷貶於天有羊豕羊豕不見可知越翼日戊午乃社于新邑牛一羊一豕一告立社稷之位用太牢也共工氏子曰句龍能平水土祀以爲社周祖后稷能殖百穀祀以爲稷社稷共牢共音恭句故侯反越七日甲子周公乃朝用書命庶殷侯甸男邦伯於戊午七日甲子是時諸侯皆會故周公乃昧爽以賦功屬役書命衆殷侯甸男服之邦伯使就功邦伯方伯即州牧也屬音燭厥既命殷庶庶殷

丕作。已命殷衆，衆殷之民大作，言勸事。太保乃以庶邦冢君出取幣，

乃復入，諸侯公卿並覲於王，王與周公俱至，文不見王無事。召公與諸侯出取幣，欲因大會顯周公。復，音扶又反。

錫周公，曰：「拜手稽首，旅王若公。召公以幣入，稱成王命賜周公，曰：敢拜手稽首，陳王所宜順周公之事。

誥告庶殷越自乃御事。召公指戒成王，而以衆殷諸侯於自乃御治事為辭，謙也。諸侯在，故託焉。

嗚呼！皇天上帝改厥元子茲大國殷之命。歎皇天改其太子，此大國殷之命。言紂雖為天所太子，無道猶改之，言不可不慎。

惟王受命，無疆惟休，亦無疆惟恤。所以戒成王。天改殷命，惟王受之，乃無窮惟美，亦無窮惟當憂之。

嗚呼！曷其奈何弗敬？何其奈何不憂，敬之，欲其行敬。

天既遐終大邦殷之命，茲殷多先哲王在天，言天已遠終殷命。此殷多先智王精神在天，不能救者，以紂不行敬故。

越厥後王後民，茲服厥命。言其後王後民，謂先智王之後繼世君臣，此服

直命言不忝厥終智藏瘝在其終後終謂紂[illegible]瘝病者[illegible]言無良臣【瘝】工頑反夫知保抱攜持厥婦子以哀籲天徂厥亡出執困於虐政夫知保抱其子攜持其妻以哀號呼天告寃無辜往其逃亡出見執殺無地自容所以窮【夫知】並如字注同【籲】音喻呼也【號】戶高反嗚呼天亦哀于四方民其眷命用懋民哀呼天天亦哀之其顧視天下有德者命用勉敬者爲民主王其疾敬德相古先民有夏言王當疾行敬德視古先民有夏之王以爲法戒之天迪從子保面稽天若今時既墜厥命言夏禹能敬德天道從而子安之禹亦面考天心而順之今是桀棄禹之道天已墜其王命今相有殷次復觀有殷天迪格保面稽天若言天道所以至於保安湯者亦如禹今時既墜厥命墜其王命今沖子嗣則無遺壽耇童子言成王少嗣位治政無遺棄老成人之言欲其法之【少】詩照反曰其稽我古人之德矧曰其有

能稽謀自天中子成王其考行古人之德則善矣況曰其有能考謀從天道乎言至吉嗚呼有

王雖小元子哉其丕能諴于小民今休召公歎曰有成王雖少而

大爲天所子其大能和於小民成今之美勉之諴音咸王不敢後用顧畏于民碞王爲

政當不敢後能用之士必任之爲先碞僭也又當顧畏於下民僭

差禮義能此二者則德化立而美道成碞五咸反徐又音吟治直

吏反下爲治致治皆同王來紹上帝自服于土中言王今來居洛邑繼天爲治躬自服

行教化於地勢正中旦曰其作大邑其自時配皇天稱周公言其爲大邑於土

中其用是大邑配上天而爲治毖祀于上下其自時中乂爲治當慎祀于天地則其

用是土中大致治王厥有成命治民今休用是土中致治則王其有天之成命治民今獲

太平之美王先服殷御事比介于我有周御事召公述周公言

又自[illegible]意以終其戒言當先服治殷家御事之臣使比近於我

[illegible]事之[illegible]和協[illegible]可一[illegible]

節性惟日其邁比殷周之臣時節性令不失中則道化惟日其行□□□反王敬作
所不可不敬德敬為所不可不敬之德則下敬奉其命矣我不可不監于有
夏亦不可不監于有殷言王當視夏殷法其歷年戒其不長我不敢知
曰有夏服天命惟有歷年以能敬德故多歷年數我不敢獨知亦王所知我
不敢知曰不其延惟不敬厥德乃早墜厥命言桀不謀
長久惟以不敬其德故乃早墜失其王命亦王所知我不敢知曰有殷受天命惟
有歷年夏言服殷言受明受而服行之互相兼也殷之賢王猶夏之賢王所以歷年亦王所知我不敢
知曰不其延惟不敬厥德乃早墜厥命紂早墜其命猶桀不敬
德亦王所知今王嗣受厥命我亦惟茲二國命嗣若功其叐
殷也繼受其王命亦惟當以此夏殷長短之命為監戒繼順其功德者而法則之王乃初服嗚呼若

生子罔不在厥初生自貽哲命言王新即政始服行教化當如子之初生習爲善則善矣自遺智命無不在其初生爲政之道亦猶是也遺唯季反今天其命哲命吉凶命歷年今天制此三命惟人所修修敬德則有智則常吉則歷年爲不敬德則愚凶不長雖說之其實在人知今我初服宅新邑肆惟王其疾敬德言天已知我王今初服政居新邑洛都故惟王其當疾行敬德王其德之用祈天永命言王當其德之用求天長命以歷年其惟王勿以小民淫用非彝勿用小民過用非常欲其重民秉常亦敢殄戮用乂民亦當果敢絕刑戮之道用治民戒以慎罰若有功其惟王位在德元其惟王居位在德之首小民乃惟刑用于天下越王顯王在德元則小民乃惟用法於天下言治政於王亦有光明上下勤恤其曰我受天命丕若有夏歷年式勿替有殷歷年言當君臣勤憂敬德曰我受天命……

命大順有夏之多歷年勿用廢有殷歷年庶幾兼之欲王以小民受天永命我欲王用

小民受天長命言常有民拜手稽首曰予小臣敢以王之讎民百

君子拜手首至手稽首首至地盡禮致敬以入其言言我小臣謙辭敢以王之四民百君子治民者非一人言民在下自

上匹之或作酬【讎】越友民保受王威命明德言與四民百君子於友愛民者共安受王

之威命明德奉行之王末有成命王亦顯臣下安受王命則王終有天成命於王亦昭著我

非敢勤惟恭奉幣用供王能祈天永命言我非敢獨勤而已惟恭

敬奉其幣帛用供待王能求天長命將以慶王多福必上下勤恤乃與小民受天永命【奉】如字又芳孔反【供】音恭徐紀用反注供待同

尚書卷第八

二一六

尚書卷第九

洛誥第十五　周書　孔氏傳

召公既相宅周公往營成周使來告卜召公先相宅卜之周公自後至經營作之遣使以所卜吉兆逆告成王相息亮反注及下同使所吏反注遣使同作洛誥洛誥既成洛邑將致政成王告以居洛之義

周公拜手稽首曰朕復子明辟周公盡禮致敬言我復還明君之政於子子成王年二十成人故必歸政而退老辟必亦反王如弗敢及天基命定命如往也言王往日幼少不敢及知天始命周家安定天下之命故已攝少詩照反予乃胤保大相東土其基作民明辟我乃繼文武安天下之道大相洛邑其始為民明君之治治直吏反予惟乙卯朝至于洛致政在冬本其春來至洛衆說始卜定都之意我卜河朔黎水我乃卜澗水東瀍水西惟洛食我使人卜河北黎水

二不吉又卜澗瀍之間南近洛吉今河南城也卜必先墨畫龜然後灼之兆順食墨朔北也瀍直連反近附近之近我又
卜瀍水東亦惟洛食伻來以圖及獻卜今洛陽也將定下都遷殷頑民故并卜之遣使以所卜地圖及獻所卜吉兆來告成王伻普耕反徐敷耕反又甫耕反下同王拜手稽
首曰公不敢不敬天之休來相宅其作周匹休成王尊敬周公荅其拜手稽首而受其言述而美之言公不敢不敬天之美來相宅其作周以配天之美公既定宅
伻來來視予卜休恒吉我二人共貞言公前已定宅遣使來來視我以所卜之美常吉之居我與公共正其美貞正也馬云當也
公其以予萬億年敬天之休公其當用我萬億年敬天之美十千為萬十萬為億言久遠拜手稽首誨言成王盡礼致敬於周公求教誨之言尽子忍反
周公曰王肇稱殷禮祀于新邑咸秩無文言王當始舉殷家祭祀以礼典祀於新邑皆次秩不在礼文者而祀之予齊百工伻從王于

居予惟曰庶有事我整齊百官使從王於周行礼典我惟曰庶幾有善事其今王即命曰記功宗人功作元祀今王就行王命於洛邑曰宜記人之功尊人亦當用功大小爲序有大功則列大祀謂功施於民者〇[illegible]越一音人實反惟命曰汝受命篤弼丕視功載乃汝其悉自教工惟天命我周邦汝受天命厚矣當輔大天命視羣臣有功者記載之乃汝新即政其當盡自教衆官躬化之孺子其朋孺子其朋其往少子慎其朋黨少子慎其朋黨戒其自今已往無若火始燄燄厥攸灼叙弗其絕言朋黨敗俗所宜禁絕无令若火始然燄燄尚微其所及灼然有次序不其絕事從微至著防之宜以初〇燄音豔叙絕句馬讀叙字絕句〇令力呈反厥若彝及撫事如予惟以在周工其順常道及撫國事如我所爲惟用在周之百官往新邑伻嚮即有僚明作有功惇大成裕汝永有辭往行政化於新邑當使臣下各鄉就有官明爲有功厚大成寬裕之德則汝長有歎譽之辭於後世

化也【畜】徐許六反注同【惇】都昆反公曰已汝惟沖子惟終已乎汝於童子嗣父祖之位惟當終

其美業汝其敬識百辟享亦識其有不享享多儀儀

不及物惟曰不享奉上謂之享言汝爲王其當敬識百君諸侯之奉上者亦識其有違上者奉上

之道多威儀威儀不及禮物惟曰不奉上惟不役志于享凡民惟曰不享惟

事其爽侮言人君惟不役志於奉上則凡人化之惟曰不奉上矣如此則惟政事其差錯侮慢不可治理乃惟

孺子頒朕不暇聽朕教汝于棐民彝我爲政當若不暇汝惟小子當

分取我之不暇而行之聽我教汝於輔民之常而用之【頒】音班徐甫云反馬云猶也【棐】音匪徐芳鬼反汝乃是不

蘉乃時惟不永哉汝乃是不勉爲政汝是惟不可長哉欲其必勉爲可長【蘉】徐莫剛反又武剛反馬云

勉也篤敘乃正父罔不若予不敢廢乃命厚次序正汝父之道而行

之无不順我所爲則天下不敢事汝命常奉之汝往敬哉茲予其明農哉彼裕

二三〇

我民無遠用戾汝往居新邑敬行教化哉如此我其退老明教農人以義哉彼天下被寬裕之政則我民無遠用來言皆來【被】皮寄反又平義反王若曰公明保予沖子成王順周公意請留之自輔言公當明安我童子不可去之公稱丕顯德以予小子揚文武烈言公當留舉大明德用我小子褒揚文武之業而奉順天【褒】薄謀反切韻博毛反奉荅天命和恒四方民居師又當奉當天命以和常四方之民居處其衆惇宗將禮稱秩元祀咸秩無文厚尊大禮舉秩大祀皆次秩無禮文而宜在祀典者凡此待公而行惟公德明光于上下勤施于四方言公明德光於天地勤政施於四海萬邦四夷服仰公德而化之旁作穆穆迓衡不迷文武勤教四方旁來爲敬敬之道以迎太平之政不迷惑於文武所勤之教言化洽【旁】步光反【迓】五嫁反馬鄭王皆音魚據反予沖子夙夜毖祀言政化由公而立我童子徒早起夜寐慎其祀而已無所能【毖】音秘王曰公功棐迪篤罔不若時公之

功棐迪我[illegible]厚矣天下無不順而是公之功王曰公予小子其退即辟于周
命公後我小子退坐之後使就君於周命立公後公當留佐我四方迪亂未定于宗
禮亦未克敉公功言四方雖道治猶未定於尊禮禮未彰是亦未能撫順公之大功明不可以去敉亡
婢反治直吏反下同迪將其後監我士師工公留教道將助我其今已後之政監篤我政事
衆官委任之言監工銜反注同誕保文武受民亂為四輔大安文武所受之民治之為我
四維之輔明當依倚公王曰公定予往已公功肅肅將祗歡公留以安
定我我從公言往至洛邑已矣公功以進大天下咸敬樂公功樂音洛公無困哉我惟無斁其
康事公勿替刑四方其世享公必留無去以困我哉我惟無厭其安天下事公勿
去以廢法則四方其世世享公之德斁音亦厭於豔反周公拜手稽首曰王命予來
承保乃文祖受命民拜而後言許成王留言王命我來承安汝文德之祖文王所受命之民是所以

不得上丶越乃光烈考武王弘朕恭於汝大業之以武王大使我恭奉其道以成王留之意孺子來相宅其大惇典殷獻民少子今所以來相宅於洛邑其大厚行典常於殷賢人亂爲四方新辟作周恭先言當治理天下新其政化爲四方之新君爲周家見恭敬之王後世所推先也曰其自時中乂萬邦咸休惟王有成績曰其當用是土中爲治使萬國皆被美德如此惟王乃有成功予旦以多子越御事篤前人成烈答其師作周孚先我旦以衆卿大夫於御治事之臣厚率行先王成業當其衆心爲周家立信者之所推先考朕昭子刑乃單文祖德伻來毖殷乃命寧我所成明子法乃盡文祖之德謂典禮也所以居土中是文武使已來慎教殷民乃見命而安之單音丹馬丁但反信也以秬鬯二卣曰明禋拜手稽首休享周公攝政七年[illegible]以黑黍酒二器明絜致敬告文武以美享既告而致政[illegible]成王留之本說[illegible]卣音由[illegible]黍[illegible]酒[illegible]反

又音肉中撚也予不敢宿則禋于文王武王我見天下太平則絜告文武不經宿【禋】音因惠篤敘無有遘自疾萬年猒于乃德殷乃引考汝爲政當順典常厚行之使有次序無有過用患疾之道者則天下萬年猒於汝德殷乃長成爲周【遘】工豆反【猒】於豔反注同馬云猒飫也徐於廉反王伻殷乃承敘萬年其永觀朕子懷德王使殷民上下相承有次序則萬年之道民其長觀我子孫而歸其德矣勉使終之戊辰王在新邑成王既受周公誥遂就居洛邑以十二月戊辰晦到【孔馬】絶句鄭讀王在新邑烝烝祭歲文王騂牛一武王騂牛一王命作册逸祝册惟告周公其後明月夏之仲冬始於新邑烝祭故曰烝祭歲古者褒德賞功必於祭日示不專也特加文武各一牛告曰尊周公立其後爲魯侯【烝】之承反【騂】息營反【祝】之又反一音之六反王賓殺禋咸格王入太室祼王賓異周公殺牲精意以享文武皆至其廟親告也太室清廟祼鬯告神【王賓】絶句殺禋絶句一讀連咸格絶句太室馬云廟中之夾室【祼】古亂反

王命周公後作冊逸誥王爲冊書使史逸誥伯禽封命之書皆同在烝祭日周公拜前魯公拜後

在十有二月惟周公誕保文武受命惟七年言周公攝政盡此十二月大安文武受命之事惟七年天下太平自戊辰以下史所終述誕保文武受命絕句馬同惟七年周公攝政七年天下太平馬同鄭云文王武王受命周公居攝皆七年

多士第十六　周書　孔氏傳

成周既成洛陽下都遷殷頑民殷大夫士心不則德義之經故徙近王都教誨之則如字或作則非近附近之近周公以王命誥稱成王命告令之作多士所告者即衆士故以名篇

惟三月周公初于新邑洛用告商王士周公致政明年三月始於新邑洛用王命告商之衆士王若曰爾殷遺多士順其事稱以告殷遺餘衆士所順在下弗弔旻天大降喪于殷稱天以愍下言愍道至者殷道不至故旻天下喪亡

…閔巾反…愍下…馬云秋日旻…大秋殺氣也方言降喪故稱旻…也…隕反喪息浪反我有
周佑命將天明威言我有周受大佑助之命故得奉于明威致王罰勑殷命終
于帝天命周致王者之誅罰正黜殷命終周於帝王肆爾多士非我小國敢弋
殷命天佑我故汝衆士臣服我弋取也非我敢取殷王命乃天命弋徐音翼異馬本作翼翼義同惟天不畀
允罔固亂弼我我其敢求位惟天不與信无堅固治者故輔佐我我其敢求其位乎畀
必利反下同治直吏反惟帝不畀惟我下民秉爲惟天明畏惟天不與
紂惟我周亦惟民秉心爲我皆是天明德可畏之效爲于僞反畏如字一音威我聞曰上帝引逸
有夏不適逸則惟帝降格言上天欲民長逸樂有夏桀爲政不之逸樂故天下至戒
以譴告之樂音洛下同譴棄戰反嚮于時夏弗克庸帝大淫泆有辭
天下至戒是嚮於時夏不背棄桀不能用天戒大爲過逸之行有惡辭聞於世時夏絕句馬以時字絕句嚮許亮反泆音逸又作佾

注同馬本作胥云過也　背音佩　行下孟反　惟時天罔念聞厥惟廢元命降致罰　惟是桀惡有辭故天無所念聞言不佑其惟廢其大命下致天罰　乃命爾先祖成湯革夏俊民甸四方　天命湯更代夏用其賢人治四方　甸徒遍反　自成湯至于帝乙罔不明德恤祀　自帝乙已上無不顯用有德憂念齊敬奉其祭祀言能保宗廟社稷　上時掌反　齊側皆反　亦惟天丕建保乂有殷殷王亦罔敢失帝罔不配天其澤　湯既革夏亦惟天大立安治於殷殷家諸王皆能憂念祭祀無敢失天道者故無不配天布其德澤　在今後嗣王誕罔顯于天矧曰其有聽念于先王勤家　後嗣王紂大無明於天道行昏虐天且忽之況曰其有聽念先祖勤勞國家之事乎　誕淫厥泆罔顧于天顯民祗　言紂大過其過無顧於天無能明人爲敬暴亂甚　惟時上帝不保降若茲大喪　惟是紂惡天不[illegible]之[illegible]下此大喪　喪[illegible]　惟天不畀不明厥

[illegible]小大邦喪罔非有辭于罰惟天不與不明其德者故凡四
方小大国喪滅無非有辭於天所罰言皆有闇亂之辭
王若曰爾殷多士今惟我
周王丕靈承帝事周王文武也大神奉天事言明德恤祀有命曰割殷
告勑于帝天有命命周割絕殷命告正於天謂既克紂柴於牧野告天不頓兵傷士惟我事不
貳適惟爾王家我適言天下事已之我周矣不貳之他惟汝殷王家已之我不復有變復扶又
反予其曰惟爾洪無度我不爾動自乃邑我其曰惟汝大無法
度謂紂無[illegible]我不先動誅汝亂從汝邑起言自召禍予亦念天即于殷大戾肆不正
我亦念天就于殷大罪而加誅者古以紂不能正身念法王曰猷告爾多士予惟時其
遷居西爾以道告汝衆士我惟汝未達德義是以徙居西汝於洛邑教誨汝非我一人奉
德不康寧時惟天命我徙汝非我天子奉德不能使民安之是惟天命宜然無違

朕不敢有後無我怨（汝无違命我亦不敢有後誅汝無怨我）惟爾知惟殷先人有冊有典殷革夏命（言汝所親知殷先世有冊書典籍說殷改夏王命之意）今爾又曰夏迪簡在王庭有服在百僚（簡大也今汝又曰夏之衆士蹈道者大在殷王庭有服職在百官言見任用）予一人惟聽用德肆予敢求爾于天邑商（言我周亦法殷家惟聽用有德故我敢求汝於天邑商將任用之）予惟率肆矜爾非予罪時惟天命（惟我循殷故事憐愍汝故徙教汝非我罪咎是惟天命）王曰多士昔朕來自奄予大降爾四國民命（昔我來從奄謂先誅三監後伐奄淮夷民命謂君也大下汝民命謂誅四国君）我乃明致天罰移爾遐逖比事臣我宗多遜（四国君叛逆我下其命乃所以明致天罰今移徙汝遠居西邑使汝遠於惡俾比近臣我宗）

（周多士 … 道 逖他歷反 比 … 反 … 同 … 萬反）

王曰告爾殷多士今予惟不爾

殺予時命有申所以□汝□□□殺汝故惟是教□□戒之今朕作大
邑于茲洛予惟四方罔攸賓今我作此洛邑以待四方無有遠近無所賓外賓卩
字徐音殯馬云却也亦惟爾多士攸服奔走臣我多遜不但待四方亦惟汝
衆士所當服行奔走臣我多爲順事爾乃尚有爾土爾乃尚寧幹止汝多
爲順事乃庶幾還有汝本土乃庶幾安汝故事止居以及所生誘之爾克敬天惟畀矜爾汝能
敬行順事則爲天所與爲天所憐爾不克敬爾不啻不有爾土予亦致
天之罰于爾躬汝不能敬順其罰深重不但不得還本土而已我亦致天罰於汝身言刑殺啻始豉反徐
又作商音同下篇放此今爾惟時宅爾邑繼爾居爾厥有幹有
年于茲洛今汝惟是敬順居汝邑繼汝所當居爲則汝其有安事有豐年於此洛邑言由洛修善得還本土有幹有
年爾小子乃興從爾遷汝能敬則子孫乃起從汝化而遷善王曰又曰時

予乃或言爾攸居言汝衆士當是我勿非我也我乃有教誨之言則汝所當居行

無逸第十七　周書　孔氏傳

周公作無逸中人之性好逸豫故戒以無逸好呼報反無逸成王即政恐其逸豫故以所戒名篇周公曰嗚呼君子所其無逸歎美君子之道所在念德其無逸豫君子且猶然況王者乎先知稼穡之艱難乃逸則知小人之依稼穡農夫之艱難事先知之乃謀逸豫則知小人之所依怙怙音戶相小人厥父母勤勞稼穡厥子乃不知稼穡之艱難視小人不孝者其父母躬勤艱難而子乃不知其勞相息亮反乃逸乃諺既誕否則侮厥父母曰昔之人無聞知小人之子既不知父母之勞乃為逸豫遊戲乃叛諺不恭已欺誕父母不欺則輕侮其父母曰古老之人無所聞知諺魚戰反周公曰嗚呼我聞曰昔在殷王中宗[illegible]也殷家中[illegible]故稱宗嚴恭寅畏

天命自度言太戊嚴恪恭敬畏天命用法度嚴如字又魚檢反注同馬作儼治民祗懼不
敢荒寧為政敬身畏懼不敢荒怠自安治直吏反肆中宗之享國七十有
五年以敬畏之故得壽考之福其在高宗時舊勞于外爰暨小
人武丁其父小乙使之久居民間勞是稼穡與小人出入同事作其即位乃或亮陰三
年不言武丁起其即王位則小乙死乃有信默三年不言言孝行著行下孟反其惟不言言
乃雍不敢荒寧在喪則其惟不言喪畢發言則天下和亦法中宗不敢荒怠自安嘉靖殷
邦至于小大無時或怨善謀殷國至于小大之政人無是有怨者言無非肆高
宗之享國五十有九年高宗為政小大無怨故亦享國永年其在祖甲
不義惟王舊為小人湯孫太甲為王不義久為小人之行伊尹放之桐作其即
位爰知小人之依能保惠于庶民不敢侮鰥寡在桐

思集用亡也起就王位於是知小人之所依依仁政故能安順於衆民不敢侮慢惸獨 惸 其營反字又作煢 肆祖甲之享國三十有三年 太甲亦以知小人之依故得久年此以德優劣立年多少爲先後故祖甲在下殷家亦祖其功故稱祖 自時厥後立王生則逸 從是三王各承其後而立者生則逸豫 生則逸不知稼穡之艱難 言與小人之子同其敝 不聞小人之勞惟耽樂之從 過樂謂之耽惟樂之從言荒淫 耽 丁南反注下同 樂 音洛注下同 自時厥後亦罔或克壽 以耽樂之故從是其後亦無有能壽考 或十年或七八年或五六年或四三年 高者十年下者三年言逸樂之損壽 周公曰嗚呼厥亦惟我周太王王季克自抑畏 太王周公曾祖王季即祖言皆能以義自抑畏敬天命將說文王故本其父祖 文王卑服即康功田功 文王節儉卑其衣服以就其安人之功以就田功以知稼穡之艱難 卑 如字馬本作俾俾使也 徽柔懿恭懷保小

民惠鮮鰥寡美道和民故民懷之以美政恭人故民之又加惠鮮乏鰥寡之人鮮息淺反注同自朝至于日中昃不遑暇食用咸和萬民從朝至日昳不暇食思慮政事用皆和萬民昃音側本亦作仄昳田節反文王不敢盤于遊田以庶邦惟正之供文王不敢樂於遊逸田獵以衆國所取法則當以正道供待之故供音恭文王受命惟中身厥享國五十年文王九十七而終中身即位時年四十七言中身舉全數周公曰嗚呼繼自今嗣王繼從今已往嗣世之王皆戒之則其無淫于觀于逸于遊于田以萬民惟正之供所以无敢過於觀遊逸豫田獵者用萬民當惟正身以供待之故無皇曰今日耽樂乃非民攸訓非天攸若時人丕則有愆无敢自暇曰惟今日樂後日止夫耽樂者乃非所以教民非所以順天是人則大有過矣愆起虔反[illegible]扶無若殷王受之迷亂酗于酒德哉以酒爲凶謂之酗

酗亡紂心迷政亂以酗酒為德戒嗣王无如之〔酗〕況付反 周公曰嗚呼我聞曰古之人猶胥訓告胥保惠胥教誨歎古之君臣雖君明臣良猶相道告相安順相教誨以義方 民無或胥譸張為幻譸張誑也君臣以道相正故下民无有相欺誑幻惑也〔譸〕竹求反馬本作輈爾雅及詩作侜同侜張誑也〔幻〕音患〔誑〕九況反 此厥不聽人乃訓之乃變亂先王之正刑至于小大此其不聽中正之君人乃教之以非法乃變亂先王之正法至于小大无不變亂言已有以致之 民否則厥心違怨否則厥口詛祝以君變亂正法故民否則其心違怨否則其口詛祝言皆患其上〔詛〕側助反〔祝〕之又反 周公曰嗚呼自殷王中宗及高宗及祖甲及我周文王茲四人迪哲言此四人皆蹈智明德以臨下 厥或告之曰小人怨汝詈汝則皇自敬德其有告之言小人怨詈汝者則自敬德□修善政〔詈〕力智反 厥愆曰朕之愆允

若時不啻不敢含怒其人有過則曰我過百姓有過在予一人信如是怨詈則四王不啻不敢含怒以罪之言常和悅此厥不聽人乃或譸張爲幻曰小人怨汝詈汝則信之此其不聽中正之君有人誑惑之言小人怨憾詛詈汝則信受之憾胡暗反則若時不永念厥辟不寬綽厥心則如是信讒者不長念其爲君之道不寬緩其心言含怒亂罰無罪殺無辜怨有同是叢于厥身信讒含怒罰殺无罪則天下同怨讎之叢聚於其身叢才公反周公曰嗚呼嗣王其監于茲視此亂罰之禍以爲戒

尚書卷第九

尚書卷第十

君奭第十八　周書　孔氏傳

召公爲保周公爲師相成王爲左右〔保〕大保也師大師也馬云保氏師氏皆大夫官〔相〕息亮反左右馬云分陝爲二伯東爲左西爲右召公不說周公作君奭尊之曰君奭名同姓也陳古以告之故以名篇〔說〕音悅〔奭〕始亦反

周公若曰君奭順古道呼其名以告之弗弔天降喪于殷殷既墜厥命我有周既受言殷道不至故天下喪亡於殷殷已墜失其王命我有周道至已受之〔弔〕音的我不敢知曰厥基永孚于休若天棐忱廢興之跡亦君所知言殷家其始長信於美道順天輔誠所以國也〔棐〕音匪〔忱〕市林反我亦不敢知曰其終出于不祥言殷紂其終墜厥命以出於不善之故亦君所知嗚呼君已曰時我我亦不敢寧于上帝命

數言曰君已當是我之留我亦不敢安于上天之命故亦不敢不留已音以弗永遠念天威越

我民罔尤違君不長遠念天之威而勤化於我民使無過違之闕惟人在我後嗣

子孫大弗克恭上下遏佚前人光在家不知惟衆人共存在

我後嗣子孫若大不能恭承天地絕失先王光大之道我老在家則不得知遏於葛反天命不易天難

諶乃其墜命弗克經歷天命不易天難信無德者乃其墜失王命不能經久歷遠不可不慎

易以豉反同諶氏壬反嗣前人恭明德在今予小子旦繼先王之大業恭奉

其明德正在今我小子旦之言異於餘臣非克有正迪惟前人光施于我沖

子、我留非能有改正但欲蹈行先王光大之道施政于我童子童子成王又曰天不可信我

道惟寧王德延無德去之是天不可信故我以道惟安寧王之德謀欲延久天不庸釋

于文王受命言天不用令釋廢於文王所受命故我留佐成王公曰君奭我聞

在昔成湯既受命，已放桀受命爲天子。時則有若伊尹，格于皇天。尹摯佐湯，功至大天，謂致太平。〔格〕音至。在太甲，時則有若保衡。太甲繼湯，時則有如此伊尹爲保衡，言天下所取安所取平。在太戊，時則有若伊陟、臣扈，格于上帝；巫咸乂王家。太戊，太甲之孫。伊陟、臣扈率伊尹之職，使其君不隕祖業，故至天之功不隕。巫咸治王家，言不及二臣。乂，魚廢反。在祖乙，時則有若巫賢。祖乙，殷家亦祖其功。時賢臣有如此巫賢，賢，咸子，巫氏。在武丁，時則有若甘盤。高宗即位，甘盤佐之，後有傅說。〔說〕音悅。率惟茲有陳，保乂有殷，故殷禮陟配天，多歷年所。言伊尹至甘盤六臣佐其君，循惟此道，有陳列之功，以安治有殷，故殷禮能升配天，享國久長，多歷年所。〔治〕直吏反，下同。天惟純佑命，則商實百姓。殷禮配天，惟天大佑助其王命，使商家百姓豐實，皆知禮節。王人罔不秉德明恤，小臣屏侯甸，言湯至武丁……人無不

二三九

持德立業明憂其小臣使得其人屏侯甸之服小臣且憂得人則大臣可知屏步頂反矧咸奔走惟

茲惟德稱用乂厥辟王猶秉德憂臣況臣下得不皆奔走惟王此事惟有德者舉用治其君事辟必亦反

故一人有事于四方若卜筮罔不是孚一人天子也君臣務德故有事於四方而天下化服如卜筮無不是而信之

公曰君奭天壽平格保乂有殷有殷嗣天滅威天壽有平至之君故安治有殷有殷子紂不能平至天滅亡加之以威

今汝永念則有固命厥亂明我新造邦汝長念平至者安治反是者滅亡以為法戒則有堅固王命其治理足以明我新成國矣

公曰君奭在昔上帝割申勸寧王之德其集大命于厥躬在昔上天割制其義重勸文王之德故能成其大命於其身言勤德以受命重直用反

惟文王尚克修和我有夏亦惟有若虢叔有若閎夭文王庶幾能修政化以和我所有諸夏亦惟賢臣之助為治有如此虢閎閎氏

虢国叔字文王弟夫名虢寡白反徐公伯反閎音宏夭於表反徐於驕反有若散宜生有若泰顛有若南宮括散泰南宮皆氏宜生顛括皆名凡五臣佐文王爲胥附奔走先後禦侮之任散素但反顛丁田反又音田南宮括括工活反南宮氏括名也馬本作南君胥附毛詩作疏附傳曰率下親上曰疏附鄭箋云疏附使疏者親也奔走奔又作本走又作奏音同詩傳云喻德宣譽曰奔奏鄭箋云奔走使人歸趣之先後上悉薦反下戶豆反亦作詩傳云相道前後曰先後禦侮詩傳曰武臣折衝曰禦侮又曰無能往來茲迪彝教文王蔑德降于國人有五賢臣猶曰其少無所能往來而五人以此道法教文王以精微之德下政令於国人言雖聖人亦須良佐蔑徐亡結反亦惟純佑秉德迪知天威乃惟時昭文王文王亦如殷家惟天所大佑文王亦秉德蹈知天威乃惟是五人明文王之德迪見冒聞于上帝惟時受有殷命哉言能明文王德蹈行顯見覆冒下民采聞上天惟是故受有殷之王命見賢遍反下同冒莫報反下同馬作勖也聞音問或如字武王惟茲四人尚迪有祿文王沒武王立惟此

四人庶幾輔相武王蹈有天禄虢叔先死故曰四人【相】息亮反後暨武王誕將天威咸劉
厥敵言此四人後與武王皆殺其敵謂誅紂惟茲四人昭武王惟冒丕單
稱德惟此四人明武王之德使布冒天下大盡舉行其德今在予小子旦若游大
川予往暨汝奭其濟小子同未在位誕無我責我新
還政今任重在我小子旦不能同於四人若游大川我往與汝奭其共濟渡成王同於未在位即政時汝大無非責我留收
罔勖不及耇造德不降我則鳴鳥不聞矧曰其有
能格今與汝留輔成王欲收教無自勉不及道義者立此化而老成德不降意為之我周則鳴鳳不得聞況曰其有能格
于皇天乎【造】七老反一音七到反馬云鳴鳥謂鳳皇也本或作鳴鳳者非公曰嗚呼君肆其監
于茲我受命無疆惟休亦大惟艱以朝臣無能立功至天故其當視於此乎
周受命無窮惟美亦大惟艱難不可輕忽謂之易治【朝】直遙反【易】以豉反告君乃猷裕我不以

後人迷告君汝謀寬饒之道我留與汝輔王不用後人迷惑故欲教之公曰前人敷乃心
乃悉命汝作汝民極前人文武布其乃心爲法度乃悉以命汝矣爲汝民立中正矣爲于偽反曰
汝明勖偶王在亶乘茲大命汝以前人法度明勉配王在於誠信行此大命而已
亶丁但反惟文王德丕承無疆之恤惟文王聖德爲之子孫无忝厥祖大承无窮之憂
公曰君告汝朕允告汝以我之誠信保奭其汝克敬以予監
于殷喪大否呼其官而名之勑使能敬以我言視於殷喪亡大否言其大不可不戒喪息浪反否方九反
肆念我天威予不允惟若茲誥予惟曰襄我二人
以殷喪大故當念我天德可畏言命无常我不信惟若此誥我惟曰當因我文武之道而行之汝有合哉言
曰在時二人天休滋子之惟時二人弗戡言汝行事動當有所合哉
發言常在是文武則天美周家日益至矣惟是文武不勝受言多福戡音堪勝音升其汝克敬德明我

俊民在讓，後人于丕時。其汝能敬行德，明我賢人在禮讓，則後代於此道大且是。嗚呼！篤棐時二人，我式克至于今日休。言我厚輔是文武之道而行之，我用能至于今日其政美。我咸成文王功于不怠，丕冒海隅出日，罔不率俾。今我周家皆成文王功于不懈怠，則德教大覆冒海隅日所出之地，无不循化而使之。俾，必耳反。懈，佳賣反。

公曰：君，予不惠若茲多誥，予惟用閔于天越民。我不惠若此多誥而已，欲使汝汝念躬行之。閔，勉也。我惟用勉於天道加於民。公曰：嗚呼！君惟乃知民德，亦罔不能厥初，惟其終。惟汝所知民德，亦无不能其初，鮮能有終，惟其終則惟君子。戒召公以慎終。鮮，息淺反。祗若茲，往敬用治。當敬順我此言，自今以往敬用治民職事。

蔡仲之命第十九　周書　孔氏傳

蔡叔既沒，以罪放而卒。王命蔡仲，踐諸侯位。成王也。父卒命子，罪不相及。

作蔡仲之命 冊書命之 蔡仲之命 蔡國名仲字因以名篇 惟周公位
冢宰正百工 百官總己以聽冢宰謂武王崩時 群叔流言乃致辟管叔
于商囚蔡叔于郭鄰以車七乘 致法謂誅殺囚謂制其出入郭鄰中國之外地
名從車七乘言少管蔡國名辟婢亦反扶亦反乘繩證反從才用反 降霍叔于庶人三年
不齒 罪輕故退為衆人三年之後乃齒錄封為霍侯子孫為晉所滅 蔡仲克庸祗德周
公以為卿士 蔡仲能用敬德稱其賢也明王之法誅父用子言至公周公圻諸侯二卿治事圻巨依反下
同 叔卒乃命諸王邦之蔡 叔之所封圻內之蔡仲之所封淮汝之間圻內之蔡名已滅故
取其名以名新國欲其戒之 王若曰小子胡 言小子明當以教訓胡仲名順其事而告之 惟
爾率德改行克慎厥猷 言汝循祖之德改父之行能慎其道歎其賢行下孟反 肆予
命爾侯于東土往即乃封敬哉 以汝率德改行之故故我命汝以諸侯於東土

往就汝所封之國，當修己以敬哉。封，如字，徐甫用反。爾尚蓋前人之愆，惟忠惟孝。當庶幾修德，掩蓋前人之愆，能蓋父所以爲惟忠惟孝。爾乃邁迹自身，克勤無怠，以垂憲乃後。汝乃行善迹，用汝身使可蹤跡而法循之，能勤無懈怠，以垂法子孫，世世稱頌，乃當我意。率乃祖文王之彝訓，無若爾考之違王命。言當循文武之常教，以父違命爲世戒。皇天無親，惟德是輔。民心無常，惟惠之懷。天之於人，無有親疏，惟有德者則輔佐之。民心於上，無有常主，惟愛己者則歸之。爲善不同，同歸于治。爲惡不同，同歸于亂。言人爲善爲惡，各有百端，未必同，而治亂所歸不殊，宜慎其微。治，直吏反。爾其戒哉！慎厥初，惟厥終，終以不困。不惟厥終，終以困窮。汝其戒治亂之機哉！作善云爲必慎其初，念其終，則終用不困窮。懋乃攸績，睦乃四鄰，以蕃王室，以和兄弟。勉汝所立之功，親汝四鄰之國，以蕃屏王室，以

和協同姓之邦諸侯之道 懋音茂 蕃方元反注同 康濟小民率自中無作聰明

亂舊章 汝爲政當安小民之居成小臣之業循用大中之道無以小聰明作異辯以變亂舊典文章 詳乃

視聽罔以側言改厥度則予一人汝嘉 詳審汝視聽非禮義勿視聽無以邪巧之言易其常度必斷之以義則我一人善汝矣 度如字注同 斷丁亂反 王曰嗚呼小子胡

汝往哉無荒棄朕命 歎而勑之欲其念戒小子胡汝往之國哉無廢棄我命欲其終身奉行後世遵則

成王東伐淮夷遂踐奄 成王即政淮夷奄國又叛王親征之遂滅奄徙之以其數反覆 踐似淺反馬同大傳云藉也 數色角反 覆芳服反 作成王政 爲平淮夷徙奄之政令亡 政如字馬本作正云正

成王既踐奄將遷其君於蒲姑 已滅奄而徙其君及人臣之惡者於蒲姑蒲姑齊地近中國教化之 蒲如字徐又扶各反馬本作薄 薄近附近之近

周公告召公作將蒲姑 言將遷奄新立之君於蒲姑告召公作此冊書告令之亡

多方第二十　　周書　　孔氏傳

成王歸自奄（伐奄歸）在宗周誥庶邦（誥以禍福）作多方

多方（衆方天下諸侯）

惟五月丁亥王來自奄至于宗周（周公歸政之明年淮夷奄又叛魯征淮夷作費誓王親征奄滅其國五月還至鎬京○費音祕鎬胡老反）周公曰王若曰猷告爾四國多方（周公以王命順大道告四方稱周公以別王自告○別彼列反）惟爾殷侯尹民我惟大降爾命爾罔不知（殷之諸侯正民者我大下汝命謂誅紂也言天下無不知紂暴虐以取亡）洪惟圖天之命弗永寅念于祀惟帝降格于夏（大惟為王謀天之命不能敬念于祭祀謂夏桀惟天下至戒於夏以譴告之謂災異○譴弃戰反）有夏誕厥逸不肯慼言于民（夏桀不肯受天戒而大其逸豫不肯憂民無憂民之言）乃大淫昏不克終日勸于帝之迪（言桀乃大為昏亂之行不能終日勸於天之道）

逌徒歷反馬本作攸太所出衍下孟反乃爾攸聞言桀之惡乃汝所聞厥圖帝之命不克開于民之麗桀其謀天之命不能開於民所施政教麗施也言昏亂麗力馳反乃大降罰崇亂有夏因甲于內亂桀乃大下罰於民重亂有夏言威虐外不憂民內不勤德因甲於二亂之內言民甚重直用反又直龍反不克靈承于旅罔丕惟進之恭洪舒于民言桀不能善奉於人眾無大惟進恭德而大舒惰於治民亦惟有夏之民叨懫日欽劓割夏邑桀洪舒於民故亦惟有夏之民貪叨忿懫而逆命於是桀日尊敬其能劓割夏邑者謂殘賊臣懫勑二反說文之二反劓魚器反天惟時求民主乃大降顯休命于成湯天惟是桀惡故更求民主以代之大下明美之命於成湯使王天下刑殄有夏惟天不畀純命湯刑絕有夏惟天不與桀亦已大畀必二反乃惟以爾多方之義民不克永于多享天所以不與桀以其乃惟用汝多方之義民為臣而不能長久多享國故惟

之恭多士大不克明保享于民惟桀所共人衆大不能明安享于民言
亂主所任任同己者乃胥惟虐于民至于百為大不克開桀之衆士乃相
與惟暴虐於民至於百端所為言虐非一大不能開民以善言與桀合志乃惟成湯克以爾多
方簡代夏作民主乃惟成湯能用汝衆方之賢大代夏政為天下民主慎厥麗乃
勸厥民刑用勸湯慎其施政於民民乃勸善其人雖刑亦用勸善言政刑清以至于帝
乙罔不明德慎罰亦克用勸言自湯至于帝乙皆能成其王道畏慎輔相無不明
有德慎去刑罰亦能用勸善相息亮反去羌呂反要囚殄戮多罪亦克用勸開
釋無辜亦克用勸帝乙已上要察囚情絕戮衆罪亦能用勸善開放無罪之人必無枉縱亦能用
勸善要一遙反又一妙反仕同殄亭遍反上時掌反今至于爾辟弗克以爾多方
享天之命今至于汝君謂紂不能用汝衆方享天之命故誅滅之辟必亦反嗚呼王若曰

誥告爾多方非天庸釋有夏歎而順其事以告彼衆方非天用釋之桀桀縱惡自

棄故誅放非天庸釋有殷乃惟爾辟以爾多方大淫圖

天之命屑有辭非天用棄有殷乃惟彼君紂用彼衆方大爲過惡者共謀天之命惡事盡有辭說布在天

下故見誅滅乃惟有夏圖厥政不集于享天降時喪有邦

間之更說桀也言桀謀其政不成于享故天下是喪亡以禍之使天下有國聖人代之言湯因桀昏亂無親佑有德〔間〕間

厠之間乃惟爾商後王逸厥逸後王紂逸豫其過逸言縱恣無度圖厥

政不蠲烝天惟降時喪紂謀其政不絜進于善故天惟下是喪亡謂誅滅〔蠲〕吉[illegible]反[illegible]云明

也一音圭〔烝〕絕句之承反馬云升也惟聖罔念作狂惟狂克念作聖惟聖

人無念於善則爲狂人惟狂人能念於善則爲聖人言桀紂非實狂愚以不念善故滅亡天惟五年須暇

之子孫誕作民主罔可念聽天以湯故五年須暇湯之子孫冀其改悔而紂大爲民

紂行惡道事無可念言無可聽武王一戰殷三年還師二年天惟求爾多方大動以威開厥顧天天惟求汝衆方之賢者大動紂以威開其能顧天可以代者惟爾多方罔堪顧之惟我周王靈承于旅惟汝衆方之中無堪顧天之道者惟我周王善奉於衆言以仁政得人心克堪用德惟典神天言周文武能堪用德惟可以主神天之祀任天王任音壬天惟式教我用休簡畀殷命尹爾多方天以我用德之故惟用教我用美道代殷大與我殷之王命以正汝衆方之諸侯畀必二反今我曷敢多誥我惟大降爾四國民命今我何敢多誥汝而已我惟大下汝四國民命謂誅管蔡商奄之君爾曷不忱裕之于爾多方汝何不以誠信行寬裕之道於汝衆方欲其戒四國崇和協爾曷不夾介乂我周王享天之命夾近也汝何不近大見治於我周王以享天之命而為不安乎夾音悏注同今爾尚宅爾宅畋爾田爾曷不惠王熙天之命

今汝朋之諸侯皆尚得居汝常居臣民皆尚得畋汝故田汝何不順從王政廣大之命而自懷疑乎爾乃迪屢
不靜爾心未愛汝所蹈行數為不安汝心未愛我周故數色角反爾乃不大宅
天命爾乃屑播天命汝乃不大居安天命是汝乃盡播棄天命爾乃自作
不典圖忱于正汝未愛我周播棄天命是汝乃自為不常謀信于正道我惟時其
教告之我惟時其戰要囚之我惟汝如是不謀信于正道乃其教告之謂訓以文
誥其戰要囚之謂討其倡亂執其朋黨要一遥反訊音信倡音唱至于再至于三再謂三監淮夷叛時
三謂成王即政又叛言迪屢不靜之事乃有不用我降爾命我乃其大罰
殛之我教告戰要囚汝已至再三汝其有不用我命我乃大罰誅汝君乃其大罰誅之殛紀力反本又作極非我
有周秉德不康寧乃惟爾自速辜非我有周執德不安寧自誅汝乃惟
汝自[illegible]罪不敬誅王曰嗚呼猷告爾有方多士暨殷多士

而以道告汝衆方與殷多士今爾奔走臣我監五祀監謂成周之監此指謂所遷頑民殷與士今汝奔走來徙臣我我監五年無過則得還本土越惟有胥伯小大多正爾罔不克臬於惟有相長事小大衆正官之人汝無不能用法欲其皆用法【臬】魚列反馬本作劓【長】丁丈反自作不和爾惟和哉爾室不睦爾惟和哉爾邑克明、爾惟克勤乃事小大多正自爲不和汝有方多士當和之哉汝親近室家不睦汝亦當和之哉汝邑中能明是汝惟能勤汝職事爾尚不忌于凶德亦則以穆穆在乃位汝庶幾不自忌入於凶德亦則用敬常在汝位克閱于乃邑謀介爾乃自時洛邑尚永力畋爾田汝能使我閱具于汝邑而以汝所謀爲大則汝乃用是洛邑庶幾長力畋汝田矣言雖遷徙而以修善得反邑里【畋】音悅天惟畀矜爾我有周惟其大介賚爾汝能修善天惟與汝憐汝我有周惟其大大賜汝言受多福之祚迪簡在王庭尚爾事有服在大僚非但受憐賜又乃蹈大道在王庭庶幾修汝事有所服行在大官王曰嗚呼多士爾不克勸忱我命爾亦則惟不克享凡民惟曰不享王歎而言曰衆士汝不能勸信我命汝亦則惟不能享天祿矣凡民亦惟曰不享於汝祿矣爾乃惟逸惟頗大遠王命則惟爾多方探天之威我則致天之罰離逖爾土若爾乃爲逸豫頗僻大弃王命則惟汝衆方之取天之威我則致行天罰離遠汝土將遠徙之【頗】破多反【探】吐南反【逖】四亦反王曰我不惟多誥我惟祗告爾命我不惟多誥汝而已我惟敬告汝吉凶之命又曰時惟爾初不克敬于和則無我怨又誥汝是惟汝初不能敬于和道故誅汝汝無我怨怨解所以再三加誅之意

立政第二十一　周書　孔氏傳

周公作立政周公既致政成王恐其怠忽故以君臣立政爲戒立政言用臣當共立政故以名篇

篇周公若曰拜手稽首告嗣天子王矣順古道盡禮致敬告成王言嗣天子今以爲王矣不可不慎盡津忍反下同用咸戒于王曰王左右常伯常任準人綴衣虎賁周公用王所立政之事皆戒於王曰常所長事常所委任謂三公六卿準人平法謂士官綴衣掌衣服虎賁以武力事王皆左右近臣宜得其人任而鴆反準之允反綴徐丁衛反又丁劣反賁音奔長丁丈反除篇末文注以長直良反餘並同周公曰嗚呼休茲知恤鮮哉歎此五者立政之本知恤得其人者少鮮息淺反古之人迪惟有夏乃有室大競籲俊尊上帝古之人道惟有夏禹之時乃有卿大夫室家大強猶乃招呼賢俊与共尊事上天籲音預迪知忱恂于九德之行禹之臣蹈知誠信於九德之行謂賢智大臣九德皋陶所謀忱市林反恂音荀行如字徐下孟反乃敢告教厥后曰拜手稽首后矣曰宅乃事宅乃牧宅乃準茲惟后矣九德之臣乃敢告教其君以立政君矣亦猶王矣宅居也居

汝事六卿掌事者牧牧民九州之伯居內外之官及平法者皆得其人則此三宅矣謀面用丕訓德則乃宅人茲乃三宅無義民謀所面見之事無疑則能用大順德乃能居賢人于衆官若此則乃能三居無義民大罪宥之四裔次九州之外次中国之外桀德惟乃弗作往任是惟暴德罔後桀之爲德惟乃不爲其先王之法往所委任是惟暴德之人故絶世無後亦越成湯陟丕釐上帝之耿命桀之昏亂亦於成湯之道得升大賜上天之光命王天下釐力之反耿工迥反徐工穎反又工永反下同王往況反乃用三有宅克即宅曰三有俊克即俊湯乃用三有居惡人之法能使就其居言服罪又曰能用剛柔正直三德之俊能就其俊事言明德嚴惟丕式克用三宅三俊言湯所以能嚴威惟可大法象者以能用三居三德之法其在商邑用協于厥邑其在四方用丕式見德湯在商邑用三宅三俊之道和其邑其在四方用是大法見其聖德言遠近化之見賢遍反下注同嗚呼其在受德暋

惟羞刑暴德之人同于厥邦受德紂字帝乙愛焉為作善字而反大惡自強惟進用刑与暴德之人同于其国並為威虐受德紂字焉去受所為德也暋眉謹反徐亡巾反一音閔為于僞反下為之同強其丈反

乃惟庶習逸德之人同于厥政乃惟衆習為過德之人同于其政言不任賢帝欽罰之乃伻我有夏式商受命奄甸萬姓天以紂惡故敬罰之乃使我周家王有華夏得用商所受天命同於撫萬姓言皇天親佑有德伻普耕反徐敷耕反又甫耕反

亦越文王武王克知三有宅心灼見三有俊心紂之不善亦於文武之道大行以能知三有居惡人之心灼然見三有賢俊之心以敬事上帝立民長伯立官文武知三三俊故能以敬事上天立民正長謂郊祀天建諸侯

立政任人準夫牧作三事武亦法禹湯以立政常任準人及牧治為天地人之三事虎賁綴衣趣馬小尹趣馬掌馬之官言此三者雖小官長必慎擇其人趣七口反左右攜僕百司庶府鮮左右攜持器物之僕及百官有司

主契券藏者亦皆擇人〔券〕音勸〔契〕苦計反〔藏〕才浪反大都小伯藝人表臣百司小臣
猶皆慎擇其人況大都邑之小長以道藝為表幹之臣及百官有司之職可以非其任乎太史尹伯庶常
吉士太史下大夫掌邦六典之貳尹伯長官大夫及衆掌常事之善士皆得其人司徒司馬司空
亞旅此有三卿及次卿衆大夫則具文武未伐紂時舉文武之初以為法則夷微盧烝三亳
阪尹蠻夷微盧之衆師及亳人之歸文王者三所為之立監及阪地之尹長皆用賢〔阪〕音反文王惟克
厥宅心乃克立茲常事司牧人以克俊有德文王惟其
能居心遠惡舉善乃能立此常事司牧人用大俊有德者〔遠〕于萬反文王罔攸兼于庶言庶
獄庶慎惟有司之牧夫文王无所兼知於毀譽衆言及衆刑獄衆當所慎之事惟慎擇有司
牧夫而已勞于求才逸於任賢〔譽〕音餘又如字是訓用違庶獄庶慎文王罔敢
知于茲是萬民順法用違法衆獄衆慎之事文王一无敢自知於此委任賢能而已亦越武王

率惟敉功，不敢替厥義德。亦於武王，言武王循惟文王撫安天下之功，不敢廢其義德，奉遵父道。敉，亡婢反。率惟謀從容德，以並受此丕丕基。武王循惟謀從文王寬容之德，故君臣並受此大大之基業，傳之子孫。傳，直專反。嗚呼！孺子王矣。歎稚子今以爲王矣，不可不勤法祖考之德。繼自今我其立政、立事、準人、牧夫，我其克灼知厥若，丕乃俾亂。繼自今已往，我其立政大臣、立事小臣及準人牧夫，我其能灼然知其順者，則大乃使治之。言知臣下之勤勞，然後莫不盡心力。俾，必尔反，下同。治，直吏反，下同。相我受民，和我庶獄庶慎，時則勿有間之。能治我所受天民，和平我衆獄衆慎之事，如是則勿有以代之。言不可復變。相，如字，馬息亮反，下勸相同。間，間廁之間。復，扶又反。自一話一言，我則末惟成德之彥，以乂我受民。言政當用一善，善在一言而已，欲其口无擇言。如此，則終惟有成德之美，以治我所受之民。話，戶快反。嗚呼！予旦已受人之徽言，咸告孺子王矣。

數所受賢聖説禹湯之美言皆以告稚子王矣稚直吏反本亦作穉繼自今文子文孫其勿誤于庶獄庶慎惟正是乂之文子文孫文王之子孫從今以往惟以正是之道治衆獄衆慎其勿誤自古商人亦越我周文王立政立事牧夫準人則克宅之克由繹之茲乃俾乂言用古商湯亦於我周文王立政立事用賢人之法能居之於心能用陳之此乃使天下治繹音亦國則罔有立政用憸人不訓于德是罔顯在厥世商周賢聖之国則无有立政用憸利之人者憸人不順於德是使其君无顯名在其世憸息廉反徐七漸反本又作㦖馬云憸利佞人也繼自今立政其勿以憸人其惟吉士用勱相我國家立政之臣勿用憸人其惟以吉士用勉治我國家勱音邁今文子文孫孺子王矣告文王之子孫言孺子以即政為王矣所以有戒其勿誤于庶獄惟有司之牧夫獨言衆獄有司欲其重刑慎之任人其克詰爾

戎兵以陟禹之迹其當能治汝戎服兵器威懷並設以升禹治水之舊迹詰起一反陟去實也方

行天下至于海表罔有不服方四方海表蠻夷戎狄无有不服化者以覲

文王之耿光以揚武王之大烈能使四夷賓服所以見祖之光明揚父之大業

嗚呼繼自今後王立政其惟克用常人其惟能用賢才僞常人不

可以天官有所私周公若曰太史順其事并告太史司寇蘇公式敬爾

由獄以長我王國忿生為武王司寇封蘇國能用法敬汝所用之獄以長施行於我王国言主獄當求

蘇公之比比必二反又如字茲式有慎以列用中罰此法有所慎行必以其列用中罰不輕不

重蘇公所行太史掌六典有廢置官人之制故告之行如字

尚書卷第十

尚書卷第十一

周官第二十二　　周書　　孔氏傳

成王既黜殷命滅淮夷黜殷在周公東征時滅淮夷在成王即政後事相因故連言之還歸在豐作周官成王雖作洛邑猶還西周還音旋徐音全周官言周家設官分職用人之法

惟周王撫萬邦巡侯甸即政撫万国巡行天下侯服甸服行下孟反四征弗庭綏厥兆民四面征討諸侯之不直者所以安其兆民十億曰兆言多六服群辟罔不承德歸于宗周董正治官六服諸侯奉承周德言協服還歸於豐督正治理職司之日官辟必亦反治直吏反下至冢宰經注同王曰若昔大猷制治于未亂保邦于未危言當順古大道制治安国必于未乱未危之前思患預防之曰唐虞稽古建官惟百內有百揆四岳外有州牧侯伯道堯舜考古以建百官內

四岳百揆，四岳兼天之官，分行[illegible]，州牧十二，五國[illegible]。上下相維，外內咸治。言有法。[illegible]一八反。下官以助長官。[illegible]政惟

和，萬國咸寧。官職有序，故衆政惟和，萬國皆安，所以為至治。夏商官倍，亦克

用乂。禹湯建官二百，亦能用治。言不及唐虞之清要。明王立政，不惟其

官，惟其人。言聖帝明王立政修教，不惟多其官，惟在得其人。今予小子，祗勤于德，夙夜

不逮。今我小子敬勤於德，雖夙夜匪懈，不能及古人。言自有極。逮，音代，一音大計反。懈，佳賣反。仰惟前代

時若，訓迪厥官。言仰惟先代之法，是順訓蹈其所建官而則之，不敢自同堯舜之官，準擬夏殷而蹈之。

立太師、太傅、太保，茲惟三公。論道經邦，燮理陰陽。

師，天子所師法。傅，相天子。保，保安天子於德義者。此惟三公之任，佐王論道，以經緯國事，和理陰陽。言有德乃堪之。燮，素協反。相，息

亮反。官不必備，惟其人。三公之官不必備員，惟其人有德乃處之。處，昌慮反。少師、少傅、

少保曰三孤。此三官名曰三孤。孤，特也。言卑於公，尊於卿，特置此三者。少，詩照反，下同。貳公弘化，

寅亮天地，弼予一人。此貳三公弘大道化敬信天地之教以輔我一人之治冢宰掌邦治，統百官，均四海。天官卿稱太宰主国政治統理百官均平四海之内邦国言仕大司徒掌邦教，敷五典，擾兆民。地官卿司徒主国教化布五常之教以安和天下衆民使小大皆協睦擾而小反，徐音饒宗伯掌邦禮，治神人，和上下。春官卿宗廟官長主国礼治天地神祇人鬼之事及国之吉凶賓軍嘉五礼以和上下尊卑等列司馬掌邦政，統六師，平邦國。夏官卿主戎馬之事掌国征伐統正六軍平治王邦四方国之乱者司寇掌邦禁，詰姦慝，刑暴亂。秋官卿主寇賊法禁治姦惡刑強暴作乱者夏司馬討惡助長物秋司寇主姦順時殺慝吐得反司空掌邦土，居四民，時地利。冬官卿主国空土以居民士農工商四人使順天時分地利授之土能吐生百穀故曰土六卿分職，各率其屬，以倡九牧，阜成兆民。六卿各率其屬大夫士使其所分之職以倡道九州牧伯爲政大成於兆民之性命皆能其正則政治之…

同五等侯 六年五服一朝 一朝侯甸男采衞 六年 又六年
王乃時巡考制度于四岳 周制十二年一巡守春東夏南秋西冬北故曰時巡考正制度
礼法于四岳之下如虞舜巡守然 守音狩下同本亦作狩 諸侯各朝于方岳大明黜陟
覲四方諸侯各朝于方岳之下大明考績黜陟之法 王曰嗚呼凡我有官君子欽
乃攸司慎乃出令令出惟行弗惟反 有官君子大夫已上歎而戒之
使敬汝所司慎汝出令從政之本令出必惟行之不惟反改若二三其令乱之道 弗當反 以公滅私民
其允懷 從政以公平滅私情則民其信歸之 學古入官議事以制政乃不
迷 言當先學古訓然後入官治政凡制事必以古義議度終始政乃不迷错 度待洛反 其爾典常作之
師無以利口亂厥官 其汝爲政當以舊典常故事爲師法无以利口辯佞乱其官 蓄疑
敗謀怠忽荒政不學牆面涖事惟煩 積疑不決必敗其謀怠惰忽略必乱

二六六

其政人而不斈其猶正牆面而立臨政事必煩【𥿟】力六反 昉音利又音類

戒爾卿士功崇惟志 此戒凡有官位但言卿士斈其掌事者功高由

業廣惟勤惟克果斷乃罔後艱 志業廣由勤惟能果斷行事乃无後難言多疑必致患【斷】丁乱反下注同

位不期驕祿不期侈 貴不与驕期而驕自至富不与侈期而侈自來驕侈以行己所以速亡

恭儉惟德無載爾偽 言當恭儉惟以立德无行姦偽

作德心逸日休作偽心勞日拙 為德直道而行於心逸豫而名日美為偽飾巧百端於心勞苦而事日拙不可為

居寵思危罔不惟畏弗畏入畏 言雖居貴寵當思危懼无所不畏若乃不畏則入可畏之刑

推賢讓能庶官乃和不和政厖 賢能相讓俊乂在官所以和諧厖乱也【厖】武江反

舉能其官惟爾之能稱匪其人惟爾不任 所斈能修其官亦惟汝之功能斈非其人亦惟汝之不勝其任

【勝】升[illegible] 王曰嗚呼三事暨大夫敬爾有官亂爾有政

歎而勑之公卿已下各敬居汝所有之官治汝所有之職以佐乃辟永康兆民萬邦惟無斁言當敬治官政以助汝君長安天下兆民則天下萬國惟乃無猒我周德斁音亦長直良反猒於豔反

王既伐東夷肅慎來賀海東諸夷駒麗扶餘馯貊之屬武王克商皆通道焉成王即政而叛王伐而服之故肅慎氏來賀肅慎馬本作息慎云北夷也駒俱付反又如字麗力支反馯戶旦反地理志音寒貊孟白反說文作貉北方豸種孔子曰貉之言貉貉惡也王俾榮伯作賄肅慎之命榮國名同姓諸侯為卿大夫王使之為命書以幣賄賜肅慎之來賀俾必尔反馬本作辨周公在豐致政老歸將沒欲葬成周已所營作示終始念之公薨成王葬于畢不敢臣周公故使近文武之墓近附近之近告周公作亳姑周公徙奄君於亳姑因告柩以葬畢之義并及奄君已定亳姑言所遷之功成亡柩其久反

君陳第二十三　周書　孔氏傳

周公既沒命君陳分正東郊成周成王重周公所營故命君陳分居正東郊成周之邑里官司作君陳作書命之君陳臣名也因以名篇鄭注礼記云周公之子王若曰

君陳惟爾令德孝恭言其有令德善事父母行己以恭惟孝友于兄弟克施有政言善父母者必友于兄弟能施有政令命汝尹茲東郊敬哉正此東郊監殷頑民教訓之監工銜反昔周公師保萬民民懷其德往慎乃司茲率厥常言周公師安天下之民民歸其德今往承其業當慎汝所主此循其常法而教訓之懋昭周公之訓惟民其乂勉明周公之教惟民其治音茂治直吏反下注政治同我聞曰至治馨香感于神明黍稷非馨明德惟馨所聞上古聖賢之言政治之至者芬芳馨氣動於神明所謂芬芳非黍稷之氣乃明德之馨勵之以德爾尚式時周公之猷訓惟日孜孜無敢逸豫汝庶幾用是周公之道教殷民

汝當日孜孜勤勤无敢自寬暇逸豫【孜】音茲凡人未見聖若不克見既見聖亦不克由聖此言凡人有初无終未見聖道如不能得見已見聖道亦不能用之所以无成爾其戒哉爾惟風下民惟草汝戒勿為凡人之行民从上教而變猶草應風而偃不可不慎【行】下孟反下德行同【應】應對之應圖厥政莫或不艱有廢有興出入自爾師虞庶言同則繹謀其政无有不先慮其難有所廢有所起出納之事當用汝衆言度之衆言同則陳而布之禁其專【繹】音亦【度】待洛反爾有嘉謀嘉猷則入告爾后于內爾乃順之于外汝有善謀善道則入告汝君於內汝乃順行之於外曰斯謀斯猷惟我后之德此善謀此善道惟我君之德善以稱君人臣之義嗚呼臣人咸若時惟良顯哉歎而美之曰臣於人者皆順此道是惟良臣則君顯明於世王曰君陳爾惟弘周公丕訓無依勢作威無倚法以削汝為政當

闡大周公之大訓無乘勢位作威人上無倚法制以行刻削之政寬而有制從容以和寬不失制動不失和德教之治從七容反殷民在辟予曰辟爾惟勿辟予曰宥爾惟勿宥惟厥中殷人有罪在刑法者我曰刑之汝勿刑我曰赦宥汝勿宥惟其當以中正平理斷之辟扶亦反下同中如字或丁仲反斷丁乱反有弗若于汝政弗化于汝訓辟以止辟乃辟有不順於汝政、不變於汝教刑之而懲止犯刑者乃刑之狃于姦宄敗常亂俗三細不宥習於姦宄凶惡毀敗五常之道以乱風俗之教罪雖小三犯不赦所以絕惡源狃女九反爾無忿疾于頑無求備于一夫人有頑嚚不喻汝當訓之無忿怒疾之使人當器之無責備于一夫必有忍其乃有濟有容德乃大為人君長必有所含忍其乃有所成有所包容德乃為大欲其忍恥藏垢恥□文反垢工口反簡厥修亦簡其或不修簡別其德行修者亦別其有不修者以勸能惡以沮否別彼列反沮在汝反否方九反又音鄙進厥良以率其或不良進顯其賢良者以率勉其有不良者使爲善惟民生厚因物有遷言人自然之性敦厚因所見所習之物有遷變之道故必慎所以示之違上所命從厥攸好人之於上不從其令從其所好故人主不可不慎所好好呼報反爾克敬典在德時乃罔不變允升于大猷汝治人能敬常在道德是乃無不變化其教則信升于天道惟予一人膺受多福汝能升大道則惟我一人當受其多福無凶危其爾之休終有辭於永世非但我受多福而已其汝之美名亦終見稱誦於長世言没而不朽長如字朽許久反

顧命第二十四　周書　孔氏傳

成王將崩命召公畢公二公爲二伯中分天下而治之治直吏反率諸侯相康王作顧命臨終之命曰顧命相息亮反顧工户反馬云成王將崩顧念康王命召公畢公率諸侯輔相之顧命實命群臣叙以要言惟四月哉生魄王不懌成王崩年之四月始生魄

月十六日王有疾故不悅懌【懌】音亦馬本作不釋云不釋疾不解也甲子王乃洮頮水（洮音）被

冕服憑玉几王大發大命臨群臣必齊戒沐浴今疾病故但洮盥頮面扶相者被以冠冕加朝服憑玉几以

出命【洮】他刀反徐音逃馬云洮洮髮也【頮】音悔說文作沬云古文作頮馬云頮頮面也【被】皮義反徐扶偽反注同【憑】皮冰反下同說

文作凭云依几也字林同父冰反【齊】側皆反【盥】音管又音灌【朝】直遥反乃同召太保奭芮伯

彤伯畢公衛侯毛公同召六卿下至御治事太保畢毛稱公則三公矣此先後六卿次第冢宰第一

召公領之司徒第二芮伯爲之宗伯第三彤伯爲之司馬第四畢公領之司寇第五衛侯爲之司空第六毛公爲之台芮彤畢衛毛

皆国名入爲天子公卿【奭】音釋【芮】如銳反【彤】徒冬反師氏虎臣百尹御事師氏大夫官虎臣虎

賁氏百尹百官之長及諸御治事者【賁】音奔【長】丁丈反王曰嗚呼疾大漸惟幾自歎

其疾大進篤惟危殆【幾】音機徐音饑下同病日臻既彌留恐不獲誓言嗣

玆予審訓命汝病日至言困甚已久留言無瘳恐不得結信出言嗣續我志以此故我詳審教命汝【瘳】勑

畄反昔君文王武王宣重光奠麗陳教則肄肄言昔先君文武布其
重光累聖之德定天命施陳教則勤勞【光】馬云日月星也太極上元十一月朔旦冬至日月如疊璧五星如連珠故曰重光【重】直
龍反【麗】力馳反【肄】徐以至反又以制反肄不違用克達殷集大命文武定命陳教雖勞
而不違道故能適殷為周成其大命在後之侗敬迓天威嗣守文武大訓
無敢昏逾在文武後之侗稚成王自斥敬迎天之威命言奉順繼守文武大教無敢昏乱逾越言戰慄危懼【侗】徐音
同又勑動反馬本作詷云共也【斥】昌亦反今天降疾殆弗興弗悟爾尚明時
朕言今天下疾我身甚危殆不起不悟言必死汝當庶幾明是我言勿忽略用敬保元子釗
弘濟于艱難用奉我言敬安太子釗釗康王名大渡於艱難勤德政【釗】姜遼反又音昭徐之肴反柔
遠能邇安勸小大庶邦言當和遠又能和近安小大衆国勸使為善思夫人
自亂于威儀爾無以釗冒貢于非幾群臣皆宜思夫人夫人自治正

於威儀有威可畏有儀可象然後足以率人汝无以釗冒進于非
危之事[illegible]如字注同[冒]亡報反一音墨馬鄭王作勖貢如字馬鄭王作贛勑用反馬云陷也茲既受命還此群臣已受顧命各還本位出綴衣于庭
越翼日乙丑王崩綴衣幄帳群臣既退徹出幄帳於庭王寢於北墉下東首反初生於其明日王崩[出]如字徐尺遂反[綴]丁衛反下同王崩馬本作成王崩注云安民立政曰成[幄]於角反下同[墉]音容本亦作牖[首]手又反太保
命仲桓南宮毛冢宰攝政故命二臣桓毛名俾爰齊侯呂伋以二
干戈虎賁百人逆子釗於南門之外臣子皆侍左右將正太子之尊故出於路寢門外使桓毛二臣各執干戈於齊侯呂伋索虎賁百人更新逆門外所以殊之伋爲天子虎賁氏[俾]必尔反[伋]居及反齊侯名太公子
延入翼室恤宅宗明室路寢延之使居憂爲天下宗主丁卯命作冊
度三日命史爲冊書法度傳顧命於康王[度]舊音杜洛反恐誤注云作冊書法度音宜〃字[傳]直專反越七日
癸酉伯相命士須材伯相爲材命召公於丁卯七日癸酉召公命士致材木須待以供喪用[材]

息亮反【供】音恭狄設黼扆綴衣士扆風畫文置戶牖間復設幄帳象平生所爲【黼】音甫又
補【扆】於豈反【屏】步經反【畫】胡卦反【牖】音酉【復】扶又反下同牖間南嚮敷重篾席黼純華
玉仍几篾桃枝竹白黑雜繒緣之華彩色華玉以飾憑几仍因也因生時几不改作此見群臣覲諸侯之坐【嚮】許亮反
【篾】眠結反馬云纖蒻【純】之允反又之閏反下同【緣】悅絹反本或作純西序東嚮敷重底席綴
純文貝仍几東西廂謂之序底蒻苹綴雜彩有文之貝飾几旦夕聽事之坐【底】之履反馬云青蒲也【蒻】音弱【苹】
音平東序西嚮敷重豐席畫純雕玉仍几豐莞彩色爲畫雕刻鏤此
養國老饗群臣之坐【豐】芳弓反【莞】音官又音關【鏤】來豆反西夾南嚮敷重筍席玄紛
純漆仍几西廂夾室之前筍蒻竹玄紛黑綬此親屬私宴之坐故席几質飾【夾】工洽反徐音頰注同【筍】息允反馬云
箁箬也徐云竹子竹爲席于貧反【紛】孚云反【漆】音七徐七利反【綬】音受越玉五重陳寶於東西序
坐北列玉五重又陳先王所寶之器物【越玉】馬云越地所獻玉也【重】直容反赤刀大訓弘璧琬

琰在西序宝刀赤刀削大訓虞書典謨大璧琬琰之珪爲二重琬紆晩反琰以冉反削音笑大玉
夷玉天球河圖在東序三玉爲三重夷常也球雝州所貢河圖八卦伏羲氏王天下龍馬出
河遂則其文以畫八卦謂之河圖及典謨皆歷代傳寳之夷玉馬云東夷之美玉說文夷玉即珣玗琪球音求馬云玉磬雝於用反
本亦作邕胤之舞衣大貝鼖鼓在西房胤国所爲舞者之衣皆中法大貝如車渠鼖鼓
長八尺商周傳寳之西房西夾坐東鼖扶云反注同中丁仲反車尺遮反車渠車輞也兌之戈和之弓
垂之竹矢在東房兌和古之巧人垂舜共工所爲皆中法故亦傳寳之東房東廂夾室兌徒外反共音
恭大輅在賓階面綴輅在阼階面大輅玉綴輅金面前皆南向阼才故反向
許亮反先輅在左塾之前次輅在右塾之前先輅象次輅木金玉
象皆以飾車木則無飾皆在路寢門内左右塾前北面凡所陳列皆象成王生時華国之事所以重顧命塾音孰一音育重直用反
二人雀弁執惠立于[illegible]門之内士衛殯與在廟同故雀弁執惠畢門路寢門一名

畢門弁皮彥反徐扶變反四人綦弁執戈上刃夾兩階戺綦文鹿子皮弁亦士

堂廉曰戺士所立處綦音其馬本作騏云青黑色夾徐工洽反戺音俟徐音士廉力占反棱也一人冕執劉

立于東堂一人冕執鉞立于西堂冕皆大夫也劉鉞屬立於東西廂之前堂

鉞音越說文云大斧也一人冕執戣立于東垂一人冕執瞿立

于西垂戣瞿皆戟屬立于東西下之階上戣音逵瞿其俱反徐[illegible]懼一人冕執鋭立于

側階鋭矛屬也側階北下立階上鋭以稅反王麻冕黼裳由賓階隮王及群臣

皆吉服用西階升不敢當主隮子西反徐子詣反卿士邦君麻冕蟻裳入即位

公卿大夫及諸侯皆同服亦廟中之禮蟻裳名色玄蟻魚綺反太保太史太宗皆麻冕彤

裳執事各異裳彤纁也太宗上宗即宗伯也太保承介圭上宗奉同瑁由

阼階隮大圭尺二寸天子守之故奉以奠康王所位同爵名瑁所以冒諸侯圭以齊瑞信方四寸邪刻之用阼階升由

便不謙莫報反【瑁】太史秉書由賓階隮御王冊命太史持冊書顧命進康王故同階曰皇后憑玉几道揚末命命汝嗣訓訓冊命之辭命大君成王言憑玉几所道稱揚終命所以感動康王命汝繼嗣其道言任重因以託戒【憑】皮氷反臨君周邦率循大卞大法【卞】皮彥反徐扶變反用是道臨君周国率羣臣循燮和天下用荅揚文武之光訓言用和道和天下用對揚聖祖文武之大教叙成王意王再拜興荅曰眇眇予末小子其能而亂四方以敬忌天威言微微我淺末小子其能如父祖治四方以敬忌天威德乎謙辭託不能【眇】弥小反乃受同瑁王三宿三祭三咤王受瑁爲主受同以祭禮成於三故酌者實三爵於王王三進爵三祭酒三奠爵告已受羣臣所傳顧命【咤】陟嫁反字亦作宅又音妬徐又音託又豬夜反說文作詫丁故反奠爵也馬作詫與說文音義同上宗曰饗祭祀受福讚王曰饗福酒太保受同降受王所饗同下堂反於篚盥以異同秉璋以酢太保盥手

以異同秉璋以酢祭半圭曰璋臣所奉王已祭太保又祭報祭曰酢酢才各反授宗人同拜王荅拜宗人小宗伯佐大宗者大宗供王宗人供大保拜白已傳顧命故授宗人同拜王荅拜尊所受命供音恭太保受同祭嚌太保既拜而祭既祭受福嚌至齒則王亦至齒王言饗太保言嚌互相備嚌才細反互音[illegible]宅授宗人同拜王荅拜太保居其所授宗人同拜白成王以事畢王荅拜敬所白宅如字馬同徐殆故反太保降收太保下堂則王下可知有司於此盡收徹徹尹列反徐直列反諸侯出廟門俟言諸侯則卿士已下亦可知殯之所處故曰廟皆待王後命處昌呂反

康王之誥第二十五　周書　孔氏傳

康王既尸天子尸主也主天子之正號馬本此句上更有成王崩三字遂誥諸侯作康王之誥既受顧命羣臣陳戒遂報誥之因事曰遂康王之誥求諸侯之見匡弼

王出在應門之內出畢門立應門內之中庭南面太保率西方諸侯入

應門左畢公率東方諸侯入應門内二公爲二伯各率其所掌諸侯隨其方爲位皆北面皆布乘黃朱諸侯皆陳四黃馬朱鬣以爲庭實〔乘〕繩證反〔鬣〕力輒反賓稱奉圭兼幣曰一二臣衛敢執壤奠賓諸侯也舉奉圭兼幣之辭言一二見非一也爲蕃衛故曰臣衛來朝而遇國喪遂因見新王敢執壤地所出而奠贄也〔壤〕如丈反〔見〕賢遍反下同〔蕃〕方袁反〔朝〕直遥反〔喪〕息浪反〔贄〕音至皆再拜稽首王義嗣德荅拜諸侯拜送幣而首至地盡禮也康王以義繼先人明德荅其拜受其幣〔盡〕子忍反太保暨芮伯咸進相揖皆再拜稽首冢宰與司徒皆共群臣諸侯並進陳戒不言諸侯以内見外曰敢敬告天子皇天改大邦殷之命大天改大國殷之王命謂誅紂也惟周文武誕受羑若克恤西土言文武大受天道而順之能憂我西土之民本其所起〔羑〕羊久反馬云若道也惟新陟王畢協賞罰戡定厥功用敷遺後人休惟周家新升王位當和天下賞罰能

其所言□後以美言施乃子孫無窮【戡】音堪【遺】唯季反注及下同【迪】以豉反今王敬之哉天

□務崇先□之美張皇六師無壞我高祖寡命言當張大六師之衆無壞我高

德□祖寡有之孝之命【壞】音怪王若曰庶邦侯甸男衛順其□□之不言群臣以外見內

【馬本】從此以下爲康王之誥又云與顧命差異叙歐陽大小夏侯同爲顧命惟予一人釗報誥

報其戒昔君文武丕平富不務咎言先君文武道大政化平美不務咎惡底

至齊【馬】讀絕句信用昭明于天下致行至中信之道用顯明於天下言聖德洽【底】之履反

則亦有熊羆之士不二心之臣保乂王家言文武既聖則亦有

勇猛如熊羆之士忠一不二心之臣共安治王家【羆】彼皮反用端命于上帝皇天用訓

厥道付畀四方君聖臣良用受端直之命於上天大夫用順其道付與四方之國王天下【畀】必利反徐甫

至反【王】□鼻反乃命建侯樹屏在我後之人言文武乃施政令立諸侯樹以爲蕃屏傳

王業在我後之人謂子孫今予一二伯父尚胥曁顧綏爾先公之

臣服于先王天子稱同姓諸侯曰伯父言今我一二伯父庶幾相與顧念文武之道安汝先公之臣服於先王而法循之

雖爾身在外乃心罔不在王室言雖汝身在外之爲諸侯汝心常当忠篤無不在王室能熊羆之士勵朝言此督諸侯

用奉恤厥若無遺鞠子羞當各用心奉憂其所行順道無自荒怠遺我稚子之羞辱稚子康王自謂也

群公既皆聽命相揖趨出已聽誥命趨出罷退諸侯歸國朝臣就次

王釋冕反喪服脫去黼冕反服喪服居倚廬 去 羊呂反

書卷第十一

尚書卷第十二

畢命第二十六　周書　孔氏傳

康王命作冊畢命為冊書以命畢公分居里成周郊分別民之居里異其善惡成定東周郊境使有保護別彼列反作畢命言畢公見命之書惟十有二年六月庚午朏康王即位十二年六月三日庚午朏普忽反徐芳尾反又芳憒反越三日壬申王朝步自宗周至于豐於朏三日壬申王朝行自宗周至于豐宗周鎬京豐文王所都朝直遙反鎬戶老反以成周之衆命畢公保釐東郊用成周之民衆命畢公使安理治正成周東郊令得所釐力之反治直吏反一本作治政則依字讀令力呈反王若曰嗚呼父師惟文王武王敷大德于天下用克受殷命王順其事歎告畢公代周公為大師為東伯命之代君陳言文武布大德於天　故天佑之用能受殷王之命大音泰惟周公左

右先王綏定厥家［言周公助先王安定其家］毖殷頑民遷于洛邑

密邇王室式化厥訓［慎與殷頑民恐其叛亂故徙於洛邑密近王室用化其教［毖］音祕近如字又附近之近］

既歷三紀世變風移四方無虞予一人以寧［言殷民遷周已經三紀世代民易頑者漸化四方無可度之事我天子用安矣十二年曰紀父子曰世［度］待洛反舊作待路反］道

有升降政由俗革不臧厥臧民罔攸勸［天道有上下交接之義政教有用俗改更之理民之俗善以善養之俗有不善以法御之若乃不善其善則民無所勸慕［上］時掌反［更］古衡反］惟公

懋德克勤小物弼亮四世正色率下罔不祗師言［言公勉行德能勤小物輔佐文武成康四世為公卿正色率下下人無不敬仰師法［懋］音茂］嘉績多于先

王予小子垂拱仰成［公之善功多大於先人之美我小子為王垂拱仰公成理言其上顯父兄下施子孫［拱］九勇反［仰］如字徐五亮反］王曰嗚呼父師今予祗命公以周公

之事往哉今我敬命公以周公所爲之事往[illegible]之哉言非周公所爲不敢行公往治治直吏反旌別淑慝表厥宅里彰善癉惡樹之風聲言當識別頑民之善惡表異其居里明其爲善病其爲惡立其善風揚其善聲別彼列反癉丁但反弗率訓典殊厥井疆俾克畏慕其不循教道之常則殊其井居田界使能畏爲惡之禍慕爲善之福所以沮勸俾必爾反沮辭汝反又慈呂反申畫郊圻愼固封守以康四海郊圻雖舊所規畫當重分明之又當謹愼堅固封疆之守備以安四海京圻安則四海安矣守徐始救反重直用反政貴有恆辭尚體要不惟好異政以仁義爲常辭以理實爲要故貴尚之若異於先王君子所不好好呼報反商俗靡靡利口惟賢餘風未殄公其念哉紂以靡靡利口惟賢覆亡國家今殷民利口餘風未絕公其念絕之靡芳寐反我聞曰世祿之家鮮克由禮以蕩陵德實悖天道言我聞自古有之世有祿位而無禮教少不以放[illegible]鮮有[illegible]者如此實亂[illegible]首[illegible]淺反悖布[illegible]

化奢麗萬世同流言[illegible]化[illegible]萬世若同一流敝[illegible]寐反茲殷庶
士席寵惟舊怙侈滅義服美于人此殷眾士居寵日久怙恃奢侈以滅德義服飾過制美於其民言僭上怙音户驕淫矜侉將由惡終雖收放心閑
之惟艱言殷眾士驕恣過制矜其所能以自侉大如此不亦將用惡自終雖今順從周制心未厭服以禮閑御其心惟艱厭於葉反又於甲反又於豔反資富能訓惟以永年惟德惟義時
乃大訓不由古訓于何其訓以富資而能順義則惟可以長年命矣惟有德義是乃大順若不用古訓典籍於何其所順乎王曰嗚呼父師邦之安危惟茲殷
士不剛不柔厥德允修言邦國所以安危惟在和此殷士而已治之不剛不柔寬猛相濟則其德政信修立惟周公克慎厥始惟君陳克和厥中惟公克
成厥終周公遷殷頑民以消亂階能慎其始君陳弘周公之訓能和其中畢公闡二公之烈能成其終三后

惱心同底于道道洽政治澤潤生民三君合心爲一終始相成同致
于道道至普洽政化治理其德澤惠施乃浸潤生民言三君之功不可不尚治直吏反施始豉反爲于鴆反四夷左
衽罔不咸賴予小子永膺多福言東夷西戎南蠻北狄被髮左衽之人无不皆
恃賴三君之道我小子亦長受其多福衽而甚反又而鴆反公其惟時成周建無窮之
基亦有無窮之聞言公其惟以是成周之治爲周家立无窮之基業於公亦有无窮之名聞於後世爲
于僞反子孫訓其成式惟乂言後世子孫順公之成法推以治嗚呼罔
曰弗克惟既厥心人之爲政无曰不能推在盡其心而已罔曰民寡惟慎
厥事無曰人少不足治也惟在慎其政事无敢輕之少詩照反欽若先王成烈以休
于前政敬順文武成業以美於前人之政所以勉周公
尚書卷第二十七　周書　孔氏傳

穆王命君牙爲周大 穆王康王孫昭王子穆名滿君牙或作君雅 作

牙 君牙臣名 君牙 命以其名遂以名篇 王若曰嗚呼君牙 順其事而歎稱其名而命之

惟乃祖乃父世篤忠貞服勞王家厥有成績紀于

太常 言汝父祖世厚忠貞服事勤勞王家其有成功見紀錄書于王之太常以表顯之王之旌旗畫日月曰太常 畫胡卦

反 惟予小子嗣守文武成康遺緒亦惟先王之臣

克左右亂四方 言我小子繼守先王遺業亦惟父祖之臣能佐助我治四方言己無所能 心之

憂危若蹈虎尾涉于春冰 言祖業之大己才之弱故心懷危懼虎尾畏噬春冰畏陷危懼

之甚 蹈徒報反 噬市制反 陷陷沒之陷 今命爾予翼作股肱心膂 今命汝爲我輔翼股

肱心體之臣言委任 膂音旅 纘乃舊服無忝祖考弘敷五典式和

民則 繼汝世祖故所服忠勤無辱累祖考之道大布五常之教用和民令有法則 累劣偽反 令力呈反 爾身克

正罔敢弗正民心罔中惟爾之中言汝身能正則下無敢不正民心无中從汝取中必當正身示民以中正夏暑雨小民惟曰怨咨夏月暑雨天之常道小人惟曰怨歎咨嗟言心〻〻中也冬祁寒小民亦惟曰怨咨冬大寒亦天之常道民猶怨咨厥惟艱哉思其艱以圖其易民乃寧天不可怨民猶怨嗟治民其惟難哉當思慮其難以謀其易民乃安易以豉反嗚呼丕顯哉文王謨歎文王所謀大顯明丕承哉武王烈言武王業美大可承奉啓佑我後人咸以正罔缺文武之謀業大明可承奉開助我後嗣皆以正道無邪缺缺苦穴反爾惟敬明乃訓用奉若于先王汝惟當敬明汝五教用奉順於先王之道對揚文武之光命追配于前人言當荅揚文武光明之命君臣各追配於前令名之人王若曰君牙乃惟由先正舊典時式民之治亂在茲言當奉用先正之臣所行故典文籍以法民之治亂在此

民治違之則民亂 治直吏反下注同 率乃祖考之攸行昭乃辟之有乂 言當倣汝父祖之所行明汝君之有治功 辟必亦反

冏命第二十八　周書　孔氏傳

穆王命伯冏爲周太僕正 伯冏臣名也太僕長太御中大夫 冏九永反字亦作煚 長誅丈反 作冏命 冏命 以冏見命名篇 王若曰伯冏惟予弗克于德嗣先人宅丕后 言其事以命伯冏言我不能於道德繼先人居大君之位人輕任重 怵惕惟厲中夜以興思免厥愆 言常悚懼惟危夜半以起思所以免其過悔 怵勑律反 惕他歷反 昔在文武聰明齊聖小大之臣咸懷忠良 聰明視聽遠齊聖通无滯礙臣雖官有尊卑無不忠良 礙五代反 其侍御僕從罔匪正人 雖給侍進御僕役從官官雖微無不用中正之人 御如字一音禦 從才用反注及下注侍從同 以旦夕承弼厥辟出入

居罔有不欽小臣皆良僕役皆正以旦夕承輔其君故君出入起居無有不敬發號施令

罔有不臧下民祗若萬邦咸休言文武發號施令無有不善下民敬順其命萬

國皆美惟予一人無良實賴左右前後有位之士匡

其不及惟我一人無善實賴侍左右前後有職位之士匡正其不及言此責群臣正已繩愆糾謬

格其非心俾克紹先烈言侍左右之臣彈正過誤檢其非妄之心使能繼先王之功業繩市

陵反俾必爾反今予命汝作大正正于群僕侍御之臣欲其教正群僕

無敢佞僞懋乃后德交修不逮言侍御之臣無小大親疏皆當勉汝君爲德更代修進其所不

及更古衡反慎簡乃僚無以巧言令色便辟側媚其惟吉

士當謹慎簡選汝僚屬侍臣無得用巧言無實令色無質便辟足恭側媚諂諛之人其皆吉良正士便婢綿反辟匹亦反徐扶

亦反 [illegible] 荊住反僕臣正厥后克正僕臣諛厥后自聖

徐以朱反

言僕臣皆正，則其君乃能正。僕臣諂諛，則其君乃自謂聖。后德惟臣，不德惟臣。（君之有德，惟臣成之；君之無德，惟臣誤之。言君所行善惡，專在左右。）爾無昵于憸人，充耳目之官，迪上以非先王之典。（汝無親近於憸利小子之人，充備侍從，在視聽之官，道君上以非先王之法。〔昵〕女乙反。〔憸〕息廉反，徐七漸反，利口也，本亦作𠲜。〔近〕附近之近。〔道〕導也。）非人其吉，惟貨其吉。（若非人其實吉良，惟以貨財配其吉良，以求入於僕侍之臣，汝當清審。）若時瘝厥官。（若用其行貨之人，則病其官職。〔瘝〕故頑反。）惟爾大弗克祗厥辟，惟予汝辜。（用行貨之人，則惟汝大不能敬其君，惟我則亦以此罪汝，言不忠也。）王曰：嗚呼！欽哉！永弼乃后于彝憲。（歎而敕之，使敬用所言，當長輔汝君於常法。此穆王庶幾欲蹈行常法。）

呂刑第二十九　周書　孔氏傳

呂命（呂侯見命為天子司寇。）穆王訓夏贖刑，（呂侯以穆王命作書，訓暢夏禹贖刑之法，更從）

輕以布告天下音蜀注及下同【贖】作呂刑呂刑後爲甫侯故或稱甫刑惟呂命王享

國百年耄荒言呂侯見命爲卿時穆王以享國百年耄亂荒忽穆王即位過四十矣言百年大期雖老而能

用賢以揚名【耄】本亦作薹亡報反切韻莫報反度作刑以詰四方度時世所宜訓作贖刑以治天下四

方民【度】待洛反注同馬如字云法度也【詰】起一反王曰若古有訓蚩尤惟始作

亂延及于平民順古有遺訓言蚩尤造始作亂惡化相易延及於平善之人九黎之君號曰蚩尤【蚩】尺之

反【尤】有牛反馬云少昊之末九黎君名罔不寇賊鴟義姦宄奪攘矯虔

平民化之無不相寇賊爲鴟梟之義以相奪攘矯稱上命若固有之亂之甚【鴟】尺之反鴟梟惡鳥馬云鴟輕也義本亦作誼【宄】音軌

【攘】如羊反【矯】居表反【虔】其然反苗民弗用靈制以刑惟作五虐之刑

曰法三苗之君習蚩尤之惡不用善化民而制以重刑惟爲五虐之刑自謂得法蚩尤黄帝所滅三苗帝堯所誅言異世

而同惡殺戮無辜爰始淫爲劓刵椓黥三苗之主頑凶若民敢行虐刑

以刑殺戮無罪於是始大為截人耳鼻椓陰黥面以加無辜故曰五虐 劓魚器反 刵徐如志反 椓丁角反 黥其京反

越茲麗刑并制罔差有辭苗民於此施刑并制無罪無差有直辭者言淫濫 麗力馳反 并必政反

民興胥漸泯泯棼棼罔中于信以覆詛盟三苗之民瀆於亂政起相漸化泯泯為亂棼棼同惡皆無中于信義以反背詛盟之約 泯面忍反徐音民 棼芳云反徐扶云反 覆芳服反徐敷目反 亂則助反 背音佩 約如字又於妙反

虐威庶戮方告無辜于上上帝監民罔有馨香德刑發聞惟腥三苗虐政作威衆被戮者方方各告無罪於天天視苗民無有馨香之行其所以為德刑發聞惟乃腥臭 聞音問又如字注同 腥音星 行下孟反

皇帝哀矜庶戮之不辜報虐以威遏絕苗民無世在下皇帝帝堯也哀矜衆被戮者之不辜乃報為虐者以威誅遏絕苗民使無世位在下國也 君帝 君宜作皇字帝堯也 遏於葛反

乃命重黎絕地天通罔有降格重即羲黎即和堯命羲和世掌天地四時之官使人神不擾各得其序是謂絕

地天通言天神無有降地地祇不至於天明不相干重直龍反黎力兮反羣后之逮在下明明
棐常鰥寡無蓋羣后諸侯之逮在下國皆以明明大道輔行常法故使鰥寡得所無有掩蓋棐音匪又芳
鬼反鰥居頑反皇帝清問下民鰥寡有辭于苗帝堯詳問民患皆有辭怨
於苗民清問馬云清訊也德威惟畏德明惟明言堯監苗民之見怨則又增修其德行威則民
畏服明賢則德明人所以無能名焉乃命三后恤功于民伯夷降典折民
惟刑禹平水土主名山川稷降播種農殖嘉穀伯夷
下典禮教民而斷以法禹治洪水山川無名者主名之后稷下教民播種農畝生善穀所謂堯命三君憂功於民折之設反下同馬
鄭王皆音悊馬云智也種章用反殖承力反斷丁亂反下同三后成功惟殷于民各成其功
惟所以殷盛於民言禮備衣食足士制百姓于刑之中以教祗德言伯夷道民典
禮斷之以法皐陶作士制百官於刑之中助成化以教民為敬德祗止而反穆穆在上明明在下

灼于四方罔不惟德之勤堯躬行敬敬上三后之徒秉明德明君道下灼然彰著四方故天下之士無不惟德之勤故乃明于刑之中率乂于民棐彝天下皆勤立德故乃能明於用刑之中正循道以治於民輔成常教治直吏反典獄非訖于威惟訖于富言堯時主獄有威有德有恕非絕於威惟絕於富世治貨賂不行賂來故反敬忌罔有擇言在身堯時典獄皆能敬其職忌其過故無有可擇之言在其身惟克天德自作元命配享在下凡明於刑之中無擇言在身必是惟能天德自為大命配享天意在於天下王曰嗟四方司政典獄非爾惟作天牧主政典獄謂諸侯也非女惟為天牧民乎言任重是汝為于偽反任而鴆反重輒重之重今爾何監非時伯夷播刑之迪言當視是伯夷布刑之道而法之其今爾何懲惟時苗民匪察于獄之麗其今汝何懲戒乎所懲戒惟是苗民非察於獄之施刑以取滅亡麗力馳反罔擇吉人觀

于五刑之中惟時庶威奪貨言苗民無肯選擇善人使觀視五刑之中正惟是衆爲威虐者任之以奪取人貨所以爲亂斷制五刑以亂無辜上帝不蠲降咎于苗苗民任奪貨姦人斷制五刑以亂加無罪天不絜其所爲故下咎罪謂誅之蠲古玄反咎其九反民無辭于罰乃絕厥世言罪重無以辭於天罰故堯絕其世申言之爲至戒王曰嗚呼念之哉念以伯夷爲法苗民爲戒伯父伯兄仲叔季弟幼子童孫皆聽朕言庶有格命皆王同姓有父兄弟子孫列者伯仲叔季順少長也舉同姓異姓言不殊也聽從我言庶幾有至命聽如字又他經反少詩照反長丁丈反今爾罔不由慰日勤爾罔或戒不勤今汝無不用安自居曰當勤之汝無有徒念戒而不勤曰人實反一音曰天齊于民俾我一日非終惟終在人天整齊於下民使我爲之一日所行非爲天所終惟爲天所終在人所行天齊于民絕句馬同云齊[illegible]句俾必爾反馬本作矜矜哀也爾尚敬逆

天命，以奉我一人。雖畏勿畏，雖休勿休。汝當庶幾敬逆天命，以奉我一人之戒，行事雖見畏勿自謂可敬畏，雖見美勿自謂有德美。惟敬五刑，以成三德。一人有慶，兆民賴之，其寧惟永。先戒以勞謙之德，次教以惟敬五刑，所以成剛柔正直之三德也。天子有善，則兆民賴之，其乃安寧長久之道。王曰：吁！來，有邦有土，告爾祥刑。吁，歎也。有國土諸侯，告汝以善用刑之道。〔吁〕況于反。馬云：于，於也。在今爾安百姓，何擇非人，何敬非刑，何度非及。在今爾安百姓兆民之道，當何所擇，非惟吉人乎？當何所敬，非惟五刑乎？當何所度，非惟及世輕重所宜乎？〔度〕待洛反，注同。馬云：造，謀也。兩造具備，師聽五辭。兩謂囚證，造，至也。兩至具備，則衆獄官共聽其入五刑之辭。〔造〕七報反，注同。五辭簡孚，正于五刑。五辭簡核，信有罪驗，則正之於五刑。〔核〕幸革反。五刑不簡，正于五罰。不簡核，謂不應五刑，當正五罰，出金贖罪。〔應〕應對之應，下同。五罰不服，正于五過。不服，不應罰也。正於五過，從赦免。

五過之疵惟官惟反惟內惟貨惟來五過之所病或嘗同官位或詐反囚辭或內親用事或行貨枉法或舊相往來皆病所在疵才斯反來馬本作求云有求請賕也其罪惟均其審克之以病所在出入人罪不使在五過罪與之同犯法者同其當清察能使之不行五刑之疑有赦五罰之疑有赦其審克之刑疑赦從罰罰疑赦從免其當清察能得其理簡孚有衆惟貌有稽簡核誠信有合衆心惟察其貌有所考合重刑之至無簡不聽具嚴天威無簡核誠信不聽理其獄皆當嚴敬天威無輕用刑墨辟疑赦其罰百鍰閱實其罪刻其顙而涅之曰墨刑疑則赦從罰六兩曰鍰鍰黃鐵也閱實其罪使與罰各相當辟婢亦反鍰徐戶關反六兩也鄭及爾雅同說文云六鋝也鋝十一銖二十五分銖之十三也馬同又云賈逵說俗儒以鋝重六兩周官劍重九鋝俗儒近是閱音悅顙息黨反涅乃結反劓辟疑赦其罰惟倍閱實其罪截鼻曰劓刑倍百為二百鍰剕辟疑赦其罰倍差閱實其罪刖足

曰剕倍差謂倍之又半為五百鍰剕扶詣反倍差初加反下同傳云五百鍰六百之倍二百為四百并五者又加四百之二分之一凡五百三十三鍰三分鍰之一也刖音月又五割反絕也宮辟疑赦其罰六百鍰閱實其罪宮淫刑也男子割勢婦人幽閉次死之刑序五刑先輕轉至重者事之宜大辟疑赦其罰千鍰閱實其罪死刑也五刑疑各入罰不降相因古之制也墨罰之屬千劓罰之屬千剕罰之屬五百宮罰之屬三百大辟之罰其屬二百五刑之屬三千別言罰屬合言刑屬明刑罰同屬互見其義以相備見賢遍反上下比罪無僭亂辭勿用不行上下比方其罪無聽僭亂之辭以自疑勿用折獄不可行僭子念反惟察惟法其審克之惟當清察罪人之辭附以法理其當詳審能之上刑適輕下服重刑有可以虧減則之輕服下罪下刑適重上服輕重諸罰有權一人有二罪則之重而輕并數輕重諸刑罰各有權宜并必政反數色主反刑罰

三〇二

世輕世重惟齊非齊有倫有要言刑罰隨世輕重也刑新国用輕典刑乱国用重典刑平国用中典凡刑所以齊非齊各有倫理有要善罰懲非死人極于病刑罰所以懲過非殺人欲使惡人極于病苦莫敢犯者非佞折獄惟良折獄罔非在中非口才可以斷獄惟平良可以斷獄无不在中正察辭于差非從惟從察囚辭其難在於差錯非從其偽辭惟從其本情哀敬折獄明啓刑書胥占咸庶中正當憐下人之犯法敬斷獄之害人明開刑書相与占之使刑當其罪皆庶幾必得中正之道當丁浪反其刑其罰其審克之其所刑其所罰其當詳審能之无失中正獄成而孚輸而孚斷獄成辭而信當輸汝信於王謂上其鞫劾文辭上時掌反下注同鞫九六反劾亥代反玉篇胡得反其刑上備有并兩刑其斷刑文書上王府皆當備具有并兩刑亦具上之王曰嗚呼敬之哉官伯族姓敬之哉告使敬刑官長諸侯族同族生異姓也我言多可戒懼以儆之儆音朕言多懼朕敬于刑

有德惟刑敬於刑當使有德者惟典刑今天相民作配在下明清
于單辭今天治民人君為配天在下當承天意聽訟當清審單辭單辭特難聽故言之相如字馬息亮反助也民
之亂罔不中聽獄之兩辭民之所以治由典獄之无不以中正聽獄之兩辭兩辭棄虛從
實刑獄清則民治治直吏反無或私家于獄之兩辭典獄无敢有受貨聽詐成私家於獄之兩辭
獄貨非寶惟府辜功報以庶尤受獄貨非家寶也惟聚罪之事其報則以衆人
見罪永畏惟罰非天不中惟人在命當長畏懼惟為天所罰非天道不中惟人
在教命使不中不中則天罰之天罰不極庶民罔有令政在于天下
天道罰不中令衆民無有善政在於天下由人主不中將亦罰之令力呈反王曰嗚呼嗣孫今往
何監非德于民之中尚明聽之哉嗣孫諸侯嗣世子孫非一世自今已往當
何監視非當立德於民為之中正乎庶幾明聽我言而行之哉哲人惟刑無疆之辭屬于五

五極咸中有慶言智人惟用刑乃有無窮之善辭名聞於天下世以其折獄屬五常之中正皆中有善所以然也屬音燭受王嘉師監于茲祥刑有邦有土受王之善衆而治之者視於此善刑欲其勤而法之爲无疆之辭

尚書卷第十二

尚書卷第十三

文侯之命第三十　周書　孔氏傳

平王錫晉文侯秬鬯圭瓚　以圭爲杓柄謂之圭瓚【平王】馬無平字【錫】星歷反馬本作賜【秬】音巨【鬯】敕亮反【瓚】才但反【杓】上灼反【柄】彼病反

作文侯之命　所以名篇幽王爲犬戎所殺平王立而東遷洛邑晉文侯迎送安定之故錫命焉

文侯之命　平王命爲侯伯

王若曰父義和　順其功而命之文侯同姓故稱曰父義和字也稱父者非一人故以字別之【義和】馬云能以義和諸侯義本作誼【別】彼列反

丕顯文武克慎明德　大明乎文王武王之道能詳慎顯用有德

昭升于上敷聞在下惟時上帝集厥命于文王　更述文王所以王也言文王聖德明升于天而布聞在下民惟以是故上天集成其王命德流子孫【聞】音問【王】于況反

亦惟先正克左右昭事厥辟　言君既聖明亦惟先正官賢臣能左右明事其君所以然【辟】必亦反

越小大謀猷罔不率

從肆先祖懷在位（文王君聖臣良於小大謀道德天下无不循從其化故我後世先祖歸在王位）嗚呼閔予小子嗣造天丕愆（歎而自痛傷也言我小子而遭天大罪過父死國敗祖業隤隕【予】如字文音與【愆】去虔反【隤】杜回反【隕】于敏反）殄資澤于下民侵戎我國家純（言周邦喪亂絕其資用惠澤於下民侵兵傷我國及御大夫之家禍甚大【殄】大見反）即我御事罔或耆壽俊在厥服予則罔克（所以遇禍即我治事之臣無有耆宿壽考俊德在其服位我則拙劣無能之致）曰惟祖惟父其伊恤朕躬嗚呼有績予一人永綏在位（王曰同姓諸侯在我惟祖惟父列若甚惟當憂念我身嗚呼能有成功則我一人長安在王位言恃諸侯）父義和汝克昭乃顯祖（重稱字親之不稱名尊之言汝能明汝顯祖唐叔之道獎之【重】直用反）汝肇刑文武用會紹乃辟追孝于前文人（言汝今始法文武之道矣當用是道合會繼汝君以善使追孝於前文德之人汝君平王自謂也先祖之志爲孝【辟】扶亦反）

汝多修扞我于艱若汝予嘉戰功曰多言汝之功多甚修矣乃扞我於艱難謂救之
周誅犬戎汝功我所善扞下旦反注同王曰父義和其歸視爾師寧爾邦遣令還晉國其歸視汝衆安汝國内上下令力呈反
用賚爾秬鬯一卣黑黍曰秬釀以鬯草不言
圭瓚可知卣中罇也當以錫命告其始祖故賜鬯賚力代反卣音酉又音卣釀女亮反彤弓一彤矢百
盧弓一盧矢百彤赤盧黑也諸侯有大功賜弓矢然後專征伐彤弓以講德習射藏示子孫彤徒冬反
馬四匹馬供武用四匹曰乘侯伯之賜无常以功大小爲度供音恭父往哉柔遠能邇
惠康小民無荒寧父往歸國哉懷柔遠人必以文德能柔遠者必能柔近然後國安安小人之道必
以順无荒廢人事而自安簡恤爾都用成爾顯德當簡核汝所任憂治汝都鄙之人
和政治則汝顯用有德之功成矣不言鄙由近以及遠核戶革反治直吏反

尚書卷第三十一　周書　孔氏傳

魯侯命伯禽宅曲阜始封之国居曲阜伯禽魯侯名徐夷並興東郊
不開徐戎淮夷並起爲寇於魯故東郊不開開舊讀皆作開馬本作闢作費誓魯侯征之於費地而
誓衆也諸侯之事而連帝王孔子序書以魯有治戎征討之備秦有悔過自誓之戒足爲世法故録以備王事猶詩録商魯之頌費
音祕費誓費魯東郊之地名公曰嗟人無譁聽命伯禽爲方伯監七伯
里内之諸侯帥之以征歎而勑之使無喧譁欲其靜聽誓命譁户瓜反監工銜反
徂茲淮夷徐戎
並興今往征此淮浦之夷徐州之戎並起爲寇此戎夷帝王所羈縻統叙故錯居九州之内秦始皇逐出之善
敹乃甲胄敿乃干無敢不弔言當善簡汝甲鎧胄兜鍪施汝楯紛無敢不令至攻
堅使可用敹了彫反敿居表反弔音的鎧苦代反兜丁侯反鍪音牟楯常准反又音允紛芳云反令力呈反備乃弓
矢鍛乃戈矛礪乃鋒刃無敢不善備汝弓矢弓調矢利鍛鍊戈矛磨礪鋒刃
皆使無敢不功善鍛丁亂反礪力世反鍊來見反今惟淫舍牿牛馬今軍人惟大放舍牿牢之

三一〇

牛馬言軍所在必放牧也〔牿〕工毒反　杜乃擭敜乃穽無敢傷牿牿之傷汝則有常刑　擭捕獸機檻當杜塞之穽穿地陷獸當以土窒之無敢令傷所放牿牢之牛馬牛馬之傷汝則有殘人畜之常刑〔杜〕本又作敷〔擭〕華化反徐戶覆反〔敜〕徐乃協反又乃結反〔穽〕在性反〔檻〕戶減反〔窒〕珍栗反〔畜〕許六反又丑六反　馬牛其風臣妾逋逃勿敢越逐　馬牛其有風佚臣妾逋亡勿敢棄越壘伍而求逐之役人賤者男曰臣女曰妾〔逋〕布吳反〔佚〕音逸　祗復之我商賚汝　衆人其有得佚馬牛逃臣妾皆敬還復之我則商度汝功賜與汝〔商〕如字徐音章〔賚〕力代反徐音來〔度〕待洛反　乃越逐不復汝則有常刑　越逐爲失伍不還爲攘盜汝則有此常刑〔攘〕如羊反　無敢寇攘踰垣牆　軍人無敢暴劫人踰越人垣牆物有自來者無敢取之〔垣〕音袁　竊馬牛誘臣妾汝則有常刑　軍人盜竊馬牛誘偷奴婢汝則有犯軍令之常刑　甲戌我惟征徐戎　誓後甲戌之日我惟征之　峙乃糗糧無敢不逮汝則有大刑　皆當儲峙汝糗糒之糧使足食無敢不相逮及汝則有乏

軍興之死刑也峙直里反又[illegible]雉太古兵也 去九反一音昌紹反糧音良糒音備 魯人三郊三遂峙

楨榦甲戌我惟築 總諸國之兵而言偁魯人峙具楨榦 也題曰楨旁曰榦言三郊三遂明東郊距

守不峙甲戌日當築功敵壘距堙之屬湮徐 音貞榦工翰反築陟六反守手又反堙音因 無敢不供汝則

有無餘刑非殺 峙具楨榦無敢不供不供汝則有无餘 之刑刑者非一也然亦非殺汝供音恭 魯

人三郊三遂峙乃芻茭無敢不多汝則有大刑 郊遂

多積芻茭供軍牛馬不多汝則亦有 乏軍興之大刑芻初俱反茭音交

秦誓第三十二　周書　孔氏傳

秦穆公伐鄭 遣三帥帥師往伐之事見僖公三十二年三 帥謂孟明視西乞術白乙丙帥色類反下注同

晉襄公帥師敗諸崤 崤晉要塞也以其不假道伐而敗之 囚其三帥崤戶交反塞悉代反假下

下反 還歸作秦誓 晉舍三帥還歸于秦 穆公悔過作誓 秦誓 誓言舍音捨取敗 悔而自誓 公曰

嗟我士聽無譁（誓其羣臣通稱士也）予誓告汝羣言之首（謂眾言之本要）

古人有言曰民訖自若是多盤（言民之行己盡用順道是多樂稱古人言悔前不順忠臣 樂音洛）責人斯無難惟受責俾如流是惟艱哉（人之有非以義責之此無難也若己有非惟受人責即改之如水流下是惟艱哉 俾必爾反下同）

我心之憂日月逾邁若弗云來（言我心之憂欲改過自新如日月並行過如不復云來往欲改悔恐死及之死所益 爲于又反）

惟古之謀人則曰未就予忌（惟爲我執古義之謀人謂忠賢蹇叔等也則曰未成我所欲反忌之耳 爲于僞反下爲我謀同）惟今之謀人姑將以爲親（惟指今事爲我所謀之人我且將以爲親嗰明之悔前違古從今以取破敗）

雖則云然尚猷詢茲黃髮則罔所愆（言前雖則有云然之過今我庶幾以道謀此黃髮賢之則行事无所過矣）番番良士旅力既愆我尚有之（言勇武番番之良士已過[illegible]今我庶幾欲有之）仡仡勇夫射御不違我尚

仡仡□□□□射御□我庶幾不欲用自悔之至 仡 許乞反 惟截截善諞言俾君子易 惟察察便巧善爲辨佞之言使君子迴心易辭我前 辭我皇多有之昧昧我思之 多有之以我昧昧思之不明故也 截 才節反馬云辭語截削省要也 諞 音辯徐敷連反又甫淺反馬本作偏云少也辭約損明大辯佞之人 易 羊石反 昧 音妹 如有一介臣斷斷猗無他伎其心休休焉其如有容 如有束脩一介臣斷斷猗然專一之臣雖無他技藝其心休休焉樂善其如是則能有所容言將任之 介 音界馬本作介云一介耿介一心端愨者字又作个音古佐反 斷 丁亂反又音短 猗 於綺反又於宜反 技 其綺反本亦作伎 他 本亦作它吐何反 樂 音洛 人之有技若己有之人之彥聖其心好之不啻如自其口出是能容之 人之有技若己有之樂善之至也人之美聖其心好之不啻如自其口出心好之至也是人必能容之 好 呼報反 啻 失豉反 以保我子孫黎民亦職有利哉 用此好技聖之人安我子孫衆人亦主有利哉言能興國 人之有技冒疾以惡

之人之彥聖而違之俾不達見人之有技藝蔽冐疾害以惡之人之美聖而違背之使不得上通冐莫報反惡烏路反背音佩壅於勇反塞先得反是不能容以不能保我子孫黎民亦曰殆哉冐疾之人是不能容人用之不能安我子孫衆人亦曰危殆哉殆唐在反邦之杌隉曰由一人杌隉不安言危也一人所任用冐疾傾危曰由所任不用賢杌五骨反隉五結反徐語折反邦之榮懷亦尚一人之慶国之光榮為民所歸亦庶幾其所任之賢之善也穆公陳戒背賢則危用賢則榮自誓改前過之意

尚書卷第十三

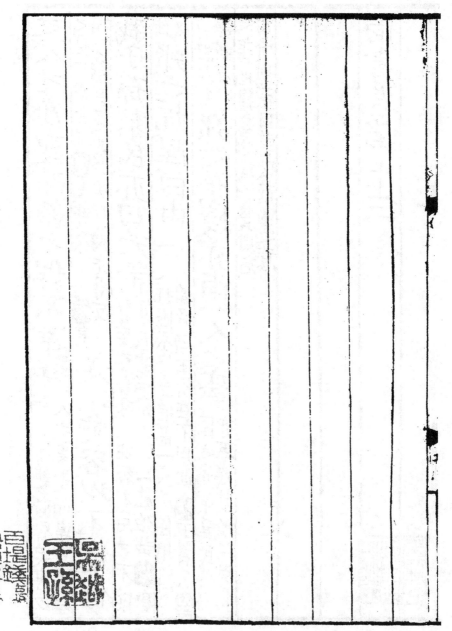